U0118139

地下寫作和秘密閱讀

.

地下寫作和秘密閱讀

林賢治

CITY UNIVERSITY OF
HONG KONG PRESS
香港城市大學出版社

編　　輯	陳明慧
書籍設計	蕭慧敏
排　　版	劉偉進

Création
城大創意製作

國際統一書號：978-962-937-401-3

出版

　　　　香港城市大學出版社
　　　　香港九龍達之路
　　　　香港城市大學
　　　　網址：www.cityu.edu.hk/upress
　　　　電郵：upress@cityu.edu.hk

Writing in the Dark, Reading in Secret
(in traditional Chinese characters)

ISBN: 978-962-937-401-3

Published by

　　　　City University of Hong Kong Press
　　　　Tat Chee Avenue
　　　　Kowloon, Hong Kong
　　　　Website: www.cityu.edu.hk/upress
　　　　E-mail: upress@cityu.edu.hk

Printed in Hong Kong

目錄

總序

去秋，香港城大出版社的朱國斌先生和陳明慧女士過訪。席間，話及人文知識分子的批判性，朱先生深表贊同。及後，他邀我為社裏組織一套隨筆叢書，我便欣然應允了。

隨筆是我喜歡的文體。「筆」，是一種斷片式記錄，大約相當於姚鼐《古文辭類纂》中說的「雜記」，國外有人稱作摘記式短文。至於「隨」，放任無羈，所指無疑是一種自由的形態。隨筆的定義簡單明白，就是自由的記錄。沒有自由，便沒有隨筆。可以想見，隨筆是不安分的，嘗試的，探索的，總是置身邊緣。所謂「先鋒」，其實也是邊緣。隨筆不喜停駐於某一場域，卻喜深入交叉的小徑，其間榛楛弗剪，卻又沒有巴洛克式的那種繁複而華美的風格，而接近數學般的明晰。所以，雖然有作家用於記敍日常生活，如蘭姆（Charles Lamb），如阿索林（José Martínez Ruiz），但是更多的還是藉以承載思想，像蒙田（Michel de Montaigne）、帕斯卡爾（Pascal Quignard）、培根（Francis Bacon）、尼采（Friedrich Nietzsche）、薇依（Simone Weil）、本雅明（Walter Benjamin）等等，直到魯迅，都是大家所熟知的隨筆型作家。

這裏的幾位作者，多年來一直從事嚴肅的寫作，隨筆是常用的形式之一。其中，邵燕祥和王得后是內地著名的雜文家，被譽為魯迅的「傳人」。邵燕祥給集子起名《奧斯維辛之後》，取意於思想家阿多諾著名的警句，肯定寫作的道義感。他認為，法西斯並不只是意味着極端民族主義，而且意味着專制獨裁、思想禁錮，意味着屠殺、戰爭、毀滅和死亡。因此，它也就不只限於德國、意大利，不限於20世紀，而是切切實實地延續並威脅到21世紀全人類的命運。作者強烈呼籲「反法西斯」者以此為鑑，他希望作為一個口號，不至於在代際傳遞間中斷。王得后的《刀客有道》返回中土，直接取材於周遭的社會現實。說市民，說師友，說自己，全書似乎沒有一個集中的主題，字裏行間，卻無處不響應着同一的脈搏，就是新與舊的鬥爭。就連魯迅，在書中也非「過氣」的人物，而以其獨有的姿態，參與到實際的變革中來。趙園和錢滿素同為學院中人，隨筆的材料多來自各自的專業，態度卻並非純學術，沒有絲毫陳腐的學究氣息。趙園的集子就叫《讀人》，很大篇幅述及中國皇權專制時代中魏晉與明清兩個最黑暗的時段，且及於當代「文革」，特別注重具有中國特色的家族倫理與文化心態，可謂洞悉幽微。而錢滿素的《覺醒之後》，則致力於政治社會制度的描畫，橫看成嶺，側看成峰，全方位展現一個偉大的民主國家的形象。

筱敏別具心眼，讓《灰燼與記憶》重燃火焰。所涉神話、傳說、歷史，人物和事件，包括閱讀種種，充滿隱喻，在人性道德的最高意義上，閃爍着詩意的光輝。把這樣幾個集子合到一起，古今中外都有了。

在叢書中，我加入了自己的一個集子，寫的是另類文化史：《地下寫作和秘密閱讀》。卑之無甚高論，唯書中保存的一點文化壓制的故實，或許還有一瞥的價值。

叢書作者的敍事各有不同，但是所關切的，都是人的生存境遇。人首先是個人，為自己而生存：安全地生存，自由地生存，有尊嚴地生存。事實上，如此合理的生存，卻不斷遭到合法性暴力的摧殘和國家神話的詆騙。正是基於共同的理念和認識，所以，納粹德國、沙俄和蘇聯，那些「中午的黑暗」，會成為叢書反覆述說的內容。作者都是有「歷史癖」的人，用魯迅的話說，是有「記性」的人。他們記住，而且要大家也記住，記住那許許多多的犧牲者、不幸者、被湮沒者，記住黑暗是從哪裏開始的，人們憑藉什麼樣的力量去驅逐它，直至一次次曙光重現。

歷史學家一再強調說，應當重視歷史經驗與現實問題的關聯。唯有歷史，才能給我們目下的行動提供重要的依據；而且唯有它，才能為我們走向未來提供必要的想像力。所有的光榮與夢想，崛起與覆亡，都已在過往的時日裏作出分明

的昭示。因此，每一回顧，都將使我們在意識到重負的同時，增進對於人類自由、民主、正義與進步的信心。

出版社提議給叢書命名，我到底取了一個沒有名字的名字，叫「隨筆六種」。心想，猶如原木製作的家具，本色便好。

是為序。

2018，戊戌年大年初一夜
林賢治

人類出版史上
沉重的一頁

治療書報檢查制度的真正而根本的辦法，就是廢除
書報檢查制度，因為這種制度本身是一無用處的……

——馬克思（Karl Marx）

　　人類走出蒙昧，在很大程度上得助於一種創造物，那
就是書籍。書籍不但記載史事、人物、各類知識，重要的還
有不安分的思想。因此，歷代的權力者，只要意在維護酋長
式統治，就必然因對思想的嫉恨而禁毀書籍。書報之所以需
要檢查，而且進一步制度化，就是建基於這樣一種意圖上，
而書報檢查制度則淪為反對人類成熟的最現實的工具。

近些年來，坊間出現過少數幾部介紹禁書的書，也有少數幾部關於文字獄的書，其中牽涉到禁書的命運；但是，把禁書納入檢查制度，並且與政治文化制度聯繫起來加以闡述的書，至今不多見。沈固朝先生的著作《歐洲書報檢查制度的興衰》，雖然略感單薄，但畢竟填補了出版界的一塊空白。

書報檢查的淵源，可以上溯至公元前古希臘時期，雅典當局頒佈禁止諷刺他人的法令，從文字到諷刺喜劇，都包括在內。其實這是一個管理問題，而非控制。書籍控制及檢查，源自思想統治的需要；但是，在某種意義上，也未嘗不可以說是權力——信仰危機的產物。哪怕權傾一時，神經過敏的統治者仍然意識到潛在的危機，及至面臨崩潰的末日，則從一般的控制發展到瘋狂的鎮壓，這樣的例子不勝枚舉。從本質上說，權力者是虛弱的。他們稱文字為「黑死病」，比子彈還厲害的「紙彈」。意大利拿坡里（也譯那不勒斯）當局針對一位被捕教授的起訴書說：「人類最可惡的三大敵人是：筆、墨水和紙。」教皇成了「懼書者」（Bibliophobes）。當基督教成為「國教」，取得世俗社會的控制權以後，就開始打擊異端；在漫長的中世紀，教權炙手可熱，對書籍的禁毀已經擴大到相當的規模。1309 年，巴黎禁毀了三大車猶太教典籍；西班牙於 1490 年焚毀了一座藏有 6,000 卷書的藏書樓；至 1596 年，意大利僅克雷莫納就焚毀了 12,000 冊書。

焚書在中世紀十分常見，異端分子也動輒被燒死，如布魯諾（Giordano Bruno）。在此期間，教皇多次下詔禁書，然而畢竟沒有形成嚴密的組織，與制度化以後的劫難比較，這些只能算是小巫見大巫。《歐洲書報檢查制度的興衰》一書認定，在 16 世紀以前，歐洲並沒有近代意義上的書報檢查制度。「查禁」作為一種制度，是隨着書籍數目的劇增和思想的廣泛傳播而產生的。這時，大學建立起來了，知識和思想的需求量大增，印刷術的發明代替了手工抄書。擴大的圖書市場對權力構成了嚴重的威脅。印刷商居然可以說：「只要有 26 個鉛字兵，我就可以征服世界！」為此，統治者必須建立專業性的書報檢查機構，並使之與所有有效的工具和手段相協調，連結成嚴密的大網，從而把具有危害性的思想文字悉數消滅於有形與無形之中。

在中世紀，書報檢查由各地主教會的宗教裁判官組成的機構進行。在王權取代教權之後，這樣的檢查機構則由酷吏、一般官員，以及個別專業人士組成。尼古拉一世（Nicholas I of Russia）時，檢查機構竟多達 12 個類型。這種機構的成員，絕大多數是權慾薰心，不學無術者，餘下便是聽命惟謹的奴才，因此，所謂檢查也就註定是無知、愚蠢、橫蠻透頂的行為。他們奉命制定或公佈禁書目錄。這類目錄，有的是教皇親自制訂的；1571 年庇護五世（Pope Pius V）還曾下令設立「禁書目錄部」，專司有關書目的編纂和禁例

的制定。先是禁內容，後是禁作者，只要作者被確定為異端分子，他的所有著作都得被列入禁書之列。因人廢言，比比皆是，隨意性很大。對於各類禁書目錄，《歐洲書報檢查制度的興衰》一書所列甚詳。每公佈一次《禁書目錄》（*Index Librorum Prohibitorum*），都意味着對圖書館的一次洗劫。書中援引作家拉蒂努斯 1559 年寫給他的朋友的信說：

> 在許多書離我們而去的年代裏，為什麼還要再考慮寫新書呢？在我看來，至少在未來的幾年裏除了寫信，沒有人再膽敢動筆了。剛剛出版了一部目錄，列出不允許我們收藏的書，否則會遭來絕罰，它們的數量是如此之多，尤其是德國出版的，幾乎沒有什麼可以留下來的了。

納塔利・科姆斯寫道：「到處都是燒書的大火，這情景使人想起了特洛伊之焚，無論私人圖書館還是公共圖書館無一倖免，有的館幾乎空了……」大約因為出版業的發達，焚不勝焚，統治者十分重視出版前檢查；像托爾斯泰（Leo Tolstoy）著名的小說《復活》（*Resurrection*），經過五百多次修改才得以出版。對印刷的控制特別嚴厲。1542 年，教廷恢復異端裁判所，翌年即規定所有圖書的書名頁須印有主教授予的「准印許可」，未經教會同意，任何書籍不得印刷。英國查理二世（Charles II of England）於 1662 年頒佈「信仰一致法」，同時頒行「制止出版誹謗、叛國和未經許可之圖

書和小冊子」法案，簡稱《出版授權法》（*Licensing of the Press Act 1662*，內地譯許可證法）。其中，對於執行辦法，也有着嚴密的規定。直至 1695 年「出版授權法」廢除以前，都以出版前檢查為主，其他國家亦大抵如此。1695 年以後，則改以出版後檢查為主，追懲制代替了預懲制。

從實際運作方面看來，預懲制與追懲制其實很難分開，更多時候是彼此交相使用的。在取消出版前檢查後，一些國家便把這筆中世紀的遺產融入普通法中，大可以用「濫用出版自由」為藉口，對需要禁毀的圖書及需要打擊的作者予以有效的懲罰，且使懲罰變得更為「合法」。在 19 世紀，出版後檢查最嚴厲的歐洲國家有俄國、奧地利、匈牙利和德國。這些國家明文規定，「未審」報紙在印刷的同時須將副本送交當局，一旦發現問題，即及時沒收銷毀出版物，關閉出版社。此外，還有銷售前檢查。有違禁令的印刷商，遭到檢查機關從酷刑，到革除教籍、罰款，乃至停業等各種不同的懲罰。檢查官和出版總監常常帶人搜查住宅、店鋪、印刷所、倉庫等。作為警告制度，尼古拉時代還發明了「約談」。延綿數百年的檢查制度成績偉大。從 1559 年至 1948 年，教廷共出版禁書目錄五十四種，教廷禁書部記錄在案的宗教裁判所書籍禁令共九百多道，禁書總量為四千多種，遭到全禁的作者多達數十人。而這些作家，無一不是世界一流人物；現在撰寫的世界文學史和文化史，正是因為有他們的存在而

閃耀光輝。僅瑞士蘇黎世地區，從 1500 年至 1700 年因著書觸犯當局而被處死的作家就有 74 名，至於肉刑、監刑和罰金者更不計其數。據介紹，18 世紀中期，幾乎沒有哪一個作者沒有在監獄中蹲過 24 小時以上的。

統治者以無所不在的檢查制度極力製造恐怖，從而促使書商和作者進行自我檢查。有一位叫薩伏林的俄國記者說：「自我檢查比政府檢查更苛刻，也更殘酷。」奧地利作家弗蘭克（Viktor Frankl）在日記中寫道：「那些本來自信的作者，情緒如此低落，他們不得不用自我審查來毀掉每一點天生的思考力。」詩人安東尼奧·費雷拉（António Ferreira）寫道：「我生活在恐懼之中，當我寫作和說話時，我害怕，甚至在我竊竊自語，在沉默或思考時，也感到恐懼。」迫害的風氣搜索每個人的靈魂，剝奪思想，蹂躪心靈，肆意破壞生命的尊嚴，固有的意志力和創造力，使人類世界歸於死寂。書報檢查制度破壞之巨，不能僅僅以被禁毀的書目多少，或以此相關的懲罰的繁苛程度為依據，還應當對精神的虐殺有足夠的估計。然而，精神的損傷難以量化，我們只能從一代人和數代人的普遍生活風氣、精神狀態和整體的文化性格中，窺見統治者的手段的博大、細密，及其影響的深遠。

控制與反控制的鬥爭一直在進行。實際上，任何禁錮和壓迫都無法遏制人們對自由的渴望。這時，作家以寓言、反諷、影射等手法豐富了語言藝術；畫家創作漫畫，政治漫

畫是頗令當局感到頭疼的。他們以退為進，在逃避迫害的途中頑強地表達思想。在嚴厲的檢查、刪改、禁毀之下，一個時代的文化藝術只能走向凋零，或以扭曲的風格出現。出版商發展了地下印刷業，書商則使地下書業貿易變得活躍起來。禁錮愈厲害，地下活動愈頻繁；或者可以倒過來說，哪裏的地下活動最頻繁，那裏的禁錮便愈見厲害。

突出的是盜版問題。《歐洲書報檢查制度的興衰》中以大量史實表明，盜版來源於出版特權，是對業已形成的商業壟斷的一種反動。如英國從亨利七世（Henry VII of England）開始指定御用出版商，到亨利八世（Henry VIII of England）授予一批所謂「負責的出版商」，讓它們具有專有權利，把所有法令法規、議會決議、文告和《聖經》的印刷權授予他們；還劃出部分領域授予專利，如出版語法書、法律書、歌本和讚美詩等的印刷權，指定授予對象，而使多數印刷商無從染指。這樣，沒有特權的商人只好盜印。最諷刺的是，歷代的禁書最受歡迎，於是《禁書目錄》成了全歐洲最大的圖書免費廣告。圖書一旦被禁，即被全社會「推銷」，而盜版這類圖書則往往贏得巨大利潤。在專制時代，盜版書對於思想的傳播起了積極作用，可謂功不可沒。姑不論動機如何，它打擊了特許制，使各種檢查法規在這匹隱藏的「木馬」面前統統失效。不妨說，這是出版界的另一場「特洛伊戰爭」。

要廢除出版特權，廢除書報檢查制度以及與此相應的罪惡的懲罰措施，除非實行革命。期待一個專制政權自行完善是徒勞的。書中列舉的幾個歐洲國家，其中英國和法國廢除檢查制度——從終止許可證法到廢除印花稅——都較為徹底，原因是它們先後進行過血與火的革命。整個廢除過程，英國用了二百多年，法國只用九十年。法國的革命方式是更為激進的。歐洲各國君主都十分害怕法國大革命，[1] 為此，書報檢查也特別嚴格；一些國家規定，報紙只要提及法國的事情就要查封。奧地利曾一度下令關閉圖書館，其檢查目標後來甚至擴大到扇子、鼻煙盒和玩具上的箴言和題詞；從法國運來的器物，只要繪有「自由」字樣都要清除掉。在1793 年雅各賓專政（Reign of Terror，又稱恐怖統治）時期，俄國焚毀了 19,000 種有關書籍，葉卡捷琳娜二世（Catherine the Great）還禁止了一切來自法國的物品。這些專制政體的頭面人物，對革命的恐懼已經到了神經質的地步。然而可笑的是，一些自命為客觀、中立的學者，或是以「民間立場」相標榜的知識分子，居然也抱持當年這些君主的態度：否定革命、嘲笑革命、畏懼革命、詛咒革命！他們應當知道，沒

1　在法國大革命中，傳統君主制的階級觀念，貴族以及天主教會的統治制度被自由、平等、博愛等新原則推翻，使整個歐洲皇室恐懼。

有近代革命的發生，人類在中世紀的巨大的陰影下不知還要匍匐多少個世紀！從書中可以看到，在歐洲，書報檢查特別野蠻和持久的國度，就是德國和俄國；它們未曾有過大規模的資產階級革命的清洗，因此更多地保留了封建王國的封閉與專橫。自然，革命不是一勞永逸的事情，而且革命本身也可能不只一次地背叛自己。法國在「舊制度的死亡證書」──《人權宣言》中宣稱，「思想和意見的自由傳播是人類最可寶貴的權利之一」。兩年後，這一原則，即廢除出版檢查制度和維護出版自由被寫入第一部憲法，成為法國政府必須恪守的基本原則。然而，拿破崙（Napoléon Bonaparte）登台之後，隨即背棄憲法有關的承諾，於 1810 年成立出版管理署，設立新聞檢查官，正式恢復書報檢查制度，大力砍殺對立的報紙，積極扶植發行官報。他認為，「四家有敵意的報紙比一千把刺刀更可怕」。他對警察總監富歇（Joseph Fouché）說：「大革命時代已經結束，在法國只能存在一的黨派，我決不容忍報紙說出或做出有損於國家利益的事情。」在法國，為爭取出版自由的鬥爭，前前後後有過多次反覆，其激烈程度是世界罕見的。但是，應當看到，這種復辟倒退的現象，並非由革命引起，恰恰相反，乃是舊制度的遺產。從漫長的中世紀到民族國家的建立，專制主義根深柢固。書報檢查作為一種制度即使被廢除以後，在歐洲各國，對思想文字的控制，仍然得以以各種變異的、零散的方式表現出來。俄國十

月革命[2]勝利後，仍然進行書報檢查。這項工作開始時是由國家政治保安總局進行的，黨通常不加干預；1923 年以後，鼓動宣傳部的官員就已開始密切注意文學團體的活動，通過行政手段，進行作家登記、審讀文學報刊，嚴格控制出版社。1925 年中央委員會還曾介入文學界的爭論，發佈過有關的決議。即使在比較寬鬆的時期，倘要禁止某個作家出版作品，一樣是十分堅決的。在斯大林（Joseph Stalin）當政時期，書報檢查猶如一道巨大的閘門，把「反對派」的著作統統封死了。這些書籍可以在一個早上悄然消失，而這一天，往往是在接到上面最新指示的一天。消滅異己的行動特別迅速。與此同時，新的歷史書、教科書、回憶錄乃至「百科全書」，也都以篡改過的、不誠實的內容出現，代替砍伐所留下的出版真空。著名作家扎米亞京（Yevgeny Zamyatin）在一封給斯大林的信中寫道：1920 年以前，他已幾乎無法在國內出版任何著作了；後來，通過高爾基（Maxim Gorky）的關係終於遷居國外。其他一些作家就沒有這樣的幸運了。左琴科（Mikhail Zoshchenko）、阿赫瑪托娃（Anna Akhmatova）等被公開革出「作協」，茨維塔耶娃（Marina Tsvetaeva）在找不到工作的窘迫中自縊身亡，古米廖夫（Nikolay

---

2　「十月革命」發生於 1917 年 11 月 7 日。列寧領導的布爾什維克派發起武裝起義，通過十月革命以暴力奪取了俄國政權，成立了蘇聯共產黨，並建立了人類歷史上第一個實行無產階級專政的國家。

Gumilyov)、曼德爾施塔姆（Osip Mandelstam）等遭到鎮壓，再後來則有索爾仁尼琴（Aleksandr Solzhenitsyn，也譯索贊尼辛）、布羅茨基（Joseph Brodsky）等的流亡。工業現代化與政治民主化未必是同步的，或者說是必然一致的。現代化的道路不是只為新生事物敞開，在相當長的時期內，它仍保有合適的空間，供專制主義的幽靈舞蹈。《歐洲書報檢查制度的興衰》一書總結說，專制主義是「書報檢查制度生存的土壤」，是命中要害的。要徹底廢除檢查制度，除非徹底剷除專制主義。

從米爾頓（John Milton，也譯彌爾頓）的《論出版自由》（Areopagitica）開始，書報檢查制度便不斷遭到來自思想知識界的理性批判。馬克思指出，把思想方式置於法律追究的範圍之內，是專制主義檢查制度的特徵。言論出版自由是人類最基本的自由權利，只要出版受到控制，一切關於思想解放和社會正義一類宣言都將成為偉大的空話。所以，爭取出版自由，自然成了被壓迫階級的鬥爭的首要目標。人類的理性和智慧，將因此而集中起來，以謀求共同的福祉。正因為如此，夏多布里昂（François-René de Chateaubriand）說：「出版自由是當今的全部憲法。」對於出版自由的趨勢，書中用了一位演說家在 1840 年的一段話進行描述，說：

> 現在，印刷機的有力的滾筒每日每夜印出的成千上萬張紙，正渡過河流、穿過森林、穿過海關的封鎖，

越過高山峻嶺，用它那智慧的炮彈，在未來的戰場上奮勇直前，靠思想的宣傳機器和出版自由，你們將無往不勝！

出於人性的基本要求和生存的實際需要，事情確如全書最後部分的題目所宣示的，「廢除檢查制度是歷史的必然」。但是，通往自由的道路是漫長的，曲折的；許多時候充滿風險，出現反覆，這也是無疑的。

沈先生的著作把書報檢查從出版史上特意抽離出來加以放大闡述，具有特別的意義，超出歷史學一般的實證主義的學術範圍。其實，出版史的主要線索，不是科學技術的發現和發明，而是環繞出版物展開的更為廣泛而深入的文化鬥爭。《歐洲書報檢查制度的興衰》把書報檢查同政治文化制度，同權力和權力者聯繫起來，的確捉住了問題的要害。但是，對於不同國家和民族的文化傳統，不同文化形態之間的影響等，書中缺乏適當的照顧。其中，把歐洲廢除檢查制度定在 19 世紀中期，這個界限也不是不可以商榷的。至少，延至 20 世紀，希特拉（Adolf Hitler，也譯希特勒）的德國和斯大林的蘇聯，對於書報的審查是嚴厲的。用魯迅的話說是「代代跨灶」，許多地方超越了前人，甚至史無前例。我們是看重文牘的考究，譬如廣告稅、印花稅的廢除等等，還是重在實質的考察？這是一個問題。在歷史研究方

面，我們如何消化和運用類似「資產階級」和「無產階級」的概念，如何避免因此而造成的時間的間離，則是另外的一個牽涉更廣的問題。最近有一本新書，是一個叫 J. D. 亨特（James Davison Hunter）的人寫的，名為《文化戰爭——定義美國的一場奮鬥》（*Culture Wars: The Struggle to Define America*），其中有一節就是「審查制度」。歷史的前後比照是饒有意味的。同為審查，今日的歐美社會，無論內容或形式，都畢竟大不同於往昔了。

至於東方社會的書報檢查制度的變遷，也當有人進行書面系統的清理了。與西方相比較而言，對於東方，從亞里士多德（Aristotle）到黑格爾（Georg Wilhelm Friedrich Hegel）到馬克思，都是視之為「野蠻」、「停滯」，更帶專制主義性質的。所謂「東方沒有歷史」，所指大約就是這層意思罷。

2000 年 6 月，時值酷暑

盜版與地下印刷

　　盜版與地下印刷，作為出版業的一種現象，不問而知要受到普遍的責難。列舉責難的理由可以有種種，或者涉及權益，或者關於道義，也有純然出於觀念上的，因為畢竟這是非法的勾當。但是，似乎也不能一概而論。對於某個特定的歷史時段來說，盜版乃出於不得已，甚至可以看作是出版商的一種抗爭；而有些圖書經過盜版的途徑，竟成了散播異端思想的強有力的風媒。

　　一般來說，盜版與地下印刷是緊密相關的。這種現象的產生，在歷史上不外乎如下幾個原因：一，政治文化專制。

整個言論出版界即所謂公共輿論空間形同一座大監獄，個別出版物簡直被打入死牢，未經許可出版，實與劫獄無異。二，行業壟斷。出版作為一種產業，市場是受控制的，官辦私營，限界森嚴。尤其是特許制的實施，致使一般出版商生意日蹙，甚至危及生計，只好逼上梁山。三，專一追逐利潤。上述兩個原因，雖然不能說與經濟利益無關，但是在客觀方面明顯地存在着制度的限制，有一種外在壓力；而在這裏，則無須冒任何政治風險，僅出於如貪婪一類的內在欲望的驅使而已。

在西方，盜版可以上溯至中世紀，除了因為逃避教會和政府的淫威之外，與印刷術的發明亦大有關係，不然無「版」可盜。至於中國，盜版多在明清之際；若從版本學的角度看，不只刻本，還有抄本，時間仍可以往前推。始皇帝焚書坑儒，澤及後世，使士子商人不得不避其鋒。後來的王位繼承人又有新的發明，大興文字獄之餘，動員社會力量編修文史圖書，搞欽批本，官批本，統一「正本」以垂範將來。清乾隆皇帝編纂《四庫全書》就是顯例，剜削、抽毀、刪改，將盜版合法化，那手段的惡劣，是膽子最大的出版商也無法想像出來的。

在中世紀，整個歐洲被置於宗教神學的統治之下，通行的只有一部《聖經》，圖書遭到普遍的敵視。其實，全社

會有一本書也就足夠了，古人不是說憑半部《論語》就可以治天下了嗎？就算到了 20 世紀 60 年代，偌大中國來來去去也不過是一本書。無奈世間少不了好事者，總想著書立說，而且販賣有徒，及至谷騰堡（Johannes Gutenberg）的印刷技術大行其道，圖書這東西終於日漸滋繁起來，使得統治者看得頭痛，不得不設法對付。宗教裁判所鎮壓異端是有名的，而由教皇頒佈的《禁書目錄》同樣臭名昭著。這份目錄從保祿四世（Pope Paul IV）開始，直至 1966 年——中國的文化大革命恰好在同一年爆發，焚書是重要的標誌之一——宣告撤銷，數百年間不斷加以替換補充。其中不但列有書目，而且有一份作者名單，至庇護五世，名單更加詳細，還建立了一個禁書會，將有關的禁書政策付諸實行。對於《聖經》，教會擁有絕對闡釋權，宣佈經由聖傑羅姆（St. Jerome）修訂的 4 世紀的拉丁語本為唯一真正的版本。這樣，其他版本自然在掃蕩之列。1542 年，教廷明確規定所有圖書的書名頁必須印有主教授予的「准印許可」字樣，否則不得印行。馬丁・路德（Martin Luther）翻譯的《聖經》，在某種意義上可以說是做版本文章。歷史學家杜蘭特（William Durant）說「谷騰堡使路德成為可能」，固然是說機械印刷促進了宗教改革思想的傳播，但也意味着承認盜版及地下印刷從中所起的作用。路德的德語《新約》，兩年中共授權印行了 14 版，而盜版的即達到 66 種。

1521 年，法國國王弗朗索瓦一世（Francis I of France，也譯法蘭索瓦一世）發起第一次圖書檢查運動，下令巴黎最高法院嚴密監視印刷所和書店。不可思議的是，強權總會遇到不屈服的對手。法國里昂的出版家艾蒂安・多雷（Étienne Dolet）編輯出版拉伯雷（François Rabelais）、馬羅（Christopher Marlowe）的著作，還出版了伊拉斯謨（Erasmus）的《戰鬥的基督徒手冊》（*Handbook of Christian Knight*），出版時，特意選擇一把砍刀圖樣作為自家的商標，挑戰教會和政府的意圖不是太明顯不過了嗎？結果，宗教裁判所在巴黎莫貝爾廣場的火刑柱上把他活活燒死。路易十四（Louis XIV of France）上台後，專制手段變本加厲：從1667 年起，限制書商和印刷商的從業人數，連印刷器材的買賣也受到控制，裝書的包裹需要查驗，印刷作坊得定期接受檢查，如發現違反者，隨即關進巴士底獄。從前的圖書管理僅限於下達法令，至 1701 年，法國政府便正式設立圖書管理局，便有了專司圖書檢查的機關。英國、德國等一些歐洲國家群起效尤，因為這樣一來，實在省事而有效得多。在這種嚴厲的管理制度下，啟蒙思想家的作品只能按地下方式出版；但當地下印刷也受到限制時，這些作家惟有將書稿送到紐沙特爾、日內瓦、海牙或阿姆斯特丹的出版商處，然後「出口轉內銷」。但是，要在這類荒誕劇中擔當一個合適的角色頗不容易，伏爾泰（Voltaire）便曾否認是自己的書的作

者，還謊稱說是過世作家的作品，甚至針對這些書進行公開的批判。對此，有人形容說，「這是一種講了一些東西而免於被送進巴士底獄的藝術。」只要從事著述，就必先掌握這種藝術。據統計，在 18 世紀，至少有 4,500 種書是隨意杜撰人名和地名出版的，這就給後來考證這個時代的出版物的作者、出版地、印數等增加了許多困難，致使考證本身成為印刷媒介史研究的一項既不能繞開，又繁瑣纏人的基礎性工作。當時，這類地下出版或由境外秘密進口的傳播啟蒙思想的書籍被稱為「哲學的」（philosophical）；連帶被當局視為非法的「壞書」，都被出版商和銷售商統統稱為「哲學書籍」，這種行話，其實指的就是「危險的書籍」。這些書籍是偷偷地在斗篷下出售的，所以又有人把啟蒙運動時期的思想稱為「斗篷下的哲學」。「哲學書籍」風險太大，為抵銷風險成本，價格相應要昂貴許多；書商一般不願囤積這類書籍，於是變着法子與普通盜版書進行交換，交換比例通常是 1:2、2:3、3:4。以盜版及地下印刷換取危險思想，也當不失為一樁好買賣。

17 世紀中期以後，法國盜版及地下印刷之風日熾，僅巴黎就有一百家出版商從事地下出版業，甚至連亞維農（Avignon，也稱阿維尼翁）這個法蘭西王國中的教皇領地也幹起了這種行當。由於政治思想類的禁書最受歡迎，印刷商和銷售商除了直接盜版，還經常在一些貌似正統的著作中

夾塞帶有新思想的言論，極力利用政府尚未明確下令禁止之前的機會加緊出版和銷售「異端」著作。為了平緩這股盜印風，從1718年起，政府開始採取「默許」的政策。所謂默許，在法國檢查制度中是一種介於「准許」與「不許」出版之間的狀況，即不屬公開批准，也不予以禁止。由於許多書得到默許在國外出版，國內發行，於是那些被認為「有問題」的書只要註明是國外出版的，就有希望蒙混過關。默許制相當於一道夾縫。在夾縫中間，出版界養成了一種由作者在圖書出版前私下拜訪檢查官的風氣；許多書，在國外以及邊境地區的一些獨立領地爭先出版「偽版本」。對於18世紀，法國有一個奇特的說法，稱之為「偽版書的時代」，便是緣此而來。

馬爾澤布在大革命前曾經這樣說：「由於法律禁止公眾不可或缺的書籍，圖書業就不得不在法律之外生存。」這話只是說對了一半。在一些特別專制野蠻的國家裏，書商根本無法施其技，也就是說，在法律外面不可能存在所謂的「圖書業」。像俄國，拉季舍夫（Alexander Radishchev）的筆記作品《從彼得堡到莫斯科旅行記》（*Journey from St. Petersburg to Moscow*）問世後，葉卡捷琳娜二世說作者在書中促使人民仇恨政府，是「比普加喬夫更壞的暴徒」，[1] 隨

1　1773年至1775年，普加喬夫（Yemelyan Pugachev）在俄羅斯發起並領導的農民起義，是為普加喬夫起義。

即下令沒收焚毀該書，並將作者逮捕，判以死刑，後改為流放西伯利亞，時間長達十年之久。該書流傳下來的種類多達七十多種，都是手抄本，算得是變相的盜版罷，但是比起正式出版物已是倒退了大大幾百年。車爾尼雪夫斯基（Nikolay Chernyshevsky）寫於 1863 年的長篇小說《怎麼辦》，在雜誌發表後即由沙皇當局下令查禁，直延至 1905 年出版，幾十年間也都是以手抄本的形式流傳。在蘇聯時代，圖書遭禁之多，作者命運之慘，比較沙皇時代，恐怕有過之而無不及。許多著作，得先在國外出版，然後在國內出版，如帕斯捷爾納克（Boris Pasternak）的《齊瓦哥醫生》（*Doctor Zhivago*，也譯《日瓦戈醫生》），索爾仁尼琴的《古拉格群島》（*The Gulag Archipelago*），布羅茨基的詩集等等，都是這樣兜圈子出版的。一些被鎮壓的作家和詩人的作品，根本無由面世，連高爾基的《不合時宜的思想》（*Untimely Thoughts*），也被迫耽擱了將近一百年。在這個國家裏，地下出版物可以說從來不曾中斷過，當政治相對「寬鬆」的時候，還曾顯得相當活躍。但是，不管如何折騰，畢竟不成氣候，無法形成像西歐一樣的市場規模。著名小說《阿爾巴特街的兒女們》（*Children of the Arbat*）作者雷巴科夫（Anatoly Rybakov）說：「沒有 1985 年 3 月，讀者將無法看到這部小說。」自戈爾巴喬夫（Mikhail Gorbachev）於 1985 年上台後，尤其在蘇聯解體之後，國內加速自由化，以致最後開放黨禁

和報禁；只有到這時候，許多地下出版物才紛紛露出水面，不復有從前的禁忌了。

有意思的是，蘇聯好些禁書，其中包括被馬恩列斯批判過的哲學社會科學著作，還有現代派文學作品等等，被當成帝國主義和資產階級的東西，加上官方或準官方的「修正主義貨色」，在60年代前後被翻譯成中文，在中國國內尚有許多「右派」和「反動權威」的著作被禁止銷售和閱讀時，得以以「灰皮書」、「藍皮書」的式樣供「內部發行」。據北京知青回憶，在那個荒蕪的歲月裏，他們都非常慶幸能輾轉讀到這批翻譯書，從中吸取不少思想營養。這種方式的國際文化交流十分特殊，作為一段故實，在翻譯出版史上是應當列作專章介紹的。

總之，政治專制主義是萬惡之源。只要專制政體存在一天，就一定少不了書報檢查制度；只要書報檢查制度仍在運作，也就必然出現地下印刷和盜版書。有文章稱書報檢查制度是專制制度的忠實僕役和老悍婦，特點是狠毒和沒有靈魂。其實，這老悍婦的脾氣只是從主人那裏學來的罷了，專制制度天然地欠缺人性，它的惡辣具有一種覆蓋性，這是顯而易見的。

在專制政體裏，經濟問題也是政治問題。就說盜版，表面上看來，它可能並非直接來自檢查制度，而與專業壟斷有關；實際上，經濟壟斷與政治專制是雙胞胎，同為特

權現象，都是同一種制度的產物。法國革命的宣傳家西哀士（Emmanuel Joseph Sieyès）在《論特權》（*An Essay on Privileges*）中寫道：

> 所有特權都是不公正的，令人憎惡的，與整個政治社會的最高目的背道而馳。

但是，沒有法子，特權就是法令，所以在專制國家裏，一味鼓吹「法治」並非是什麼好事情。

出版行業的壟斷來源於許可制和獨佔專利制的推行。壟斷有多種方式，以英國為例，一是以保護本地印刷商的利益為由，限制外國書商進入本國市場，實際上防止外來思想對本土的衝擊；二，由國王直接控制印刷業，指定官方出版商承辦有關出版業務；除了欽定的官商，其他書商不得翻印或出版同類圖書；三，授予出版特權，使受惠的書商在有限期內享有複印和銷售的專有權，被侵權時還可以藉此獲得各種賠償。與此有關的是獨佔專利的授予，目的在禁止業已劃定的範圍內出版新書。1557 年，瑪麗女王（Mary I of England）授予一個叫做「書商公會」的行業組織以出版特權，頒發國家特許狀，規定所有圖書必須到書商公會註冊，甚至允許公會對其他書商和印刷商擁有搜查、沒收、焚毀、查封、扣押的特權，到了斯圖亞特王朝，特權和專制發展為一種特許制度。至 1662 年，正式頒佈名為「制止出版誹謗、

叛國和未經許可之圖書及小冊子」法案，簡稱「許可證法」。光榮革命並沒有廢除特權，只是經由議會接管和延續一個由國王開其端的業已成熟到腐敗的制度，事實上，權力與金錢的勾結變得更加緊密了。

行業壟斷嚴重破壞了出版業的正常動作。在失去自由競爭的條件下，作為一種惡性報復，盜版盜印使大批的出版物質量低劣。以地圖的製作為例，為了確保對新發現地區的商業壟斷，地圖最早是保密的，只有極少數雕版印製品洩露到市場上。恰恰因為壟斷和保密，帶來了地圖的地下印刷和黑市交易。對於市面的地圖的準確性，歐洲的領航員和海員普遍持懷疑態度，以致到了 17 世紀初，仍然不願接受，而寧可使用手繪的。這種拒絕現代科學技術之舉，究竟是誰之過呢？是書商不負責任，抑或當局全權壟斷的結果？

然而，不管政府如何的使用鐵腕，算盡機關，盜版活動一樣有增無已。1695 年，英國議會終於作出終止許可證法的決定。但是，這並不等於政府已經放棄了對出版業的控制；只要政府有一天不允許隨意散播不利於穩定的言論，盜版與反盜版的鬥爭仍將持續下去。英國著名史學家湯普森（E. P. Thompson）在其名著《英國工人階級的形成》(*The Making of the English Working Class*) 中寫到 17 世紀一個銷售盜版書刊而獲罪的名叫斯旺的報販，因銷售小冊子和一篇煽動性詩歌被捕，判定數罪並罰監四年零六個月，是同行中

判刑最長的。事隔數年，又是這個斯旺，因銷售「無印花稅報刊」被告上法庭。書中有一段他和法官的對話：

> 被告——先生，我已經失業一段時間了，我也無法找到工作，我家裏人都在挨餓……另一個理由，也是最重要的理由，我賣這些東西是為了我們同胞，讓他們知道議會並沒有代表他們……我想人民知道他們是怎樣被矇騙的……
>
> 法官——住口。
>
> 被告——我不！因為我想讓每個人都讀讀這些出版物……
>
> 法官——你太放肆，你要因此被判處三個月監禁，進納茨福德感化院做苦工。
>
> 被告——我一點也不感謝你，只要我能出來，我還要賣。你記住，（看着克拉克上尉說）我第一份就要賣到你家裏。

可以看出，在從事盜版和地下印刷的人物當中，並非都是同一類的自私、陰暗、卑瑣的角色。

使出版業作為一種商業活動進行而免受權力的干預，這是符合新生資產階級的利益的；然而禁令的廢弛，無疑地更有利於思想的傳播。接着，繼《人權宣言》之後，「出版自由」作為人類最可珍貴的權利，於 1791 年莊嚴地寫進第

一部法國憲法。從實質上而不是從形式上最後廢除出版檢查制度，還有漫長的道路要走，但是，出版自由既已得到國際社會的確認，反動專制政府要遏制自由思想，也總得有所收斂，而不至於太橫行無忌了。

自然，到了民主社會，到了書報檢查制度和出版特權制度已如一堆鏽銅爛鐵般地被拋棄的國度，普通公民可以公然批評國家元首的地方，盜版或地下印刷的現象仍然會出現，因為金錢永遠是一種誘惑。但是，可以肯定的是，它只是個別的現象，而不復是制度化的現象，不可能對讀者構成大面積的損害了。

盜版之「盜」，在古時候是跟「俠」連在一起的，從中世紀到近世，在盜版的書商中間，確曾有人表現出俠士之風，敢於製作和販運異端的著作；即便為了金錢，也還有眼光盜印布豐（Comte de Buffon）的《自然史》（*Natural History*）一類卷帙浩繁的著作。不像後來的書商，只會生搬硬套或改頭換面印行一些食譜、小玩藝、相面術、肉麻故事，全然失卻原始造反者的強悍之氣，看那種小手段，簡直已經淪為偷兒了。在這裏，僅就盜版史——出版史的一個重要分支——來說，用得上民間歷史家九斤老太那句總結性的話：「一代不如一代！」

2003 年 4 月

迫害與寫作

寫作者：迫害的主要對象之一

迫害古已有之。所謂迫害，是指個體由於強勢者——無論是來自國家，還是來自政治、宗教及其他社會團體或勢力——帶有針對性的暴力或潛暴力行為，致使生命、財產、名譽等遭到侵犯、損害和剝奪的情形。集體迫害實質上是對個體迫害的集合。這裏強調受迫害的個人性，目的在於防止將生命抽象化、符號化。事實上，在歷史敍述中，許多集體迫害事件，倘若有幸不曾遭到抹殺和篡改，眾多鮮血淋漓的生命，也往往被簡化為寥寥幾組數字，失去原來的可感性。

集體迫害主要有宗教迫害和政治迫害兩種。至中世紀，宗教迫害進入極盛時期，宗教裁判所是著名的。近世以降，政治代替宗教成為主角。在崛起的民族國家裏，只要沿襲專制主義——極權主義是其中的一種現代形態——的政治體制，集體迫害事件就不會絕跡，甚至有增無已。20世紀蘇聯的肅反和納粹德國的反猶，論規模性和暴虐性，足以使宗教裁判所迫害異端的故事相形見絀。

　　除了種族清洗，在社會群體中，具有知識分子意識的寫作者是政治迫害的主要對象之一。從西方到東方，這是對女巫、癲僧、史官的歷史性迫害的一種延續和擴大。這些人是天生的異議者，統一意識形態的敵人，他們不但可以作為忠實的記錄者為歷史作證，而且可以作為預言家和鼓動家，影響社會輿情。為了維護固有的政治格局，統治者勢必通過各種手段迫害他們，以期剪除這根社會的大舌頭。

　　在專制——所謂「開明專制」也是專制——政體之下，寫作者面臨三種選擇：一，跟隨權杖起舞，頌聖成為主流；二，逃避現實，顧左右而言他，最常見是風花雪月，娛樂化，形式主義。這兩種選擇，其實在骨子裏是一致的，就是私人利益至上，拒絕承擔社會責任，因此，對他們來說，寫作當然是最穩當的買賣。另有一種選擇，就是直面現實，干預社會，抨擊專制體制，反抗權勢集團。但這樣，寫作便成了一

種冒險的職業，輕則失去自由，禁止發表作品，遭到監視、囚禁、流放；重則失去生命。

迫害與寫作之間，形成一種張力，兩者的博弈一直在進行。

蘇聯：在「無產階級專政」的名義下

寫作是需要餘裕的，不但需要一定的物質條件，而且要有相對安全、寧靜的環境。正如蘇聯作家在給斯大林的信中所説：「要一個作家置身於一年比一年厲害的有組織的迫害氣氛中，從事創作是不可能的。」這裏僅就一般文學寫作而言，思想性論著還不包括在內。

在蘇聯，只要「傾向性」被認為出了問題，就隨時有被剝奪寫作機會的可能。真正的作家視寫作為生命，正如扎米亞京所説，寫作機會一旦被剝奪，則無異於面臨死刑。

在出版被嚴格統一控制的情況下，意欲突破查禁的羅網而堅持寫作，對於作家的勇氣、意志和智慧，無疑是一種考驗。

對異見者的迫害，在帝俄時代是有傳統的，但是，人們無法預料，十月革命後，在「無產階級專政」的名義下，迫害竟致於變本加厲。1922 年，「哲學船事件」震驚世界。在這一驅逐事件中離境的哲學家和社會科學家，在境外出版

了一批論著和回憶錄，評述蘇維埃政權下的人民生活，尤其是知識分子的境遇，總算保存了一段真實的歷史。在此期間，高爾基主編的《新文化報》發表了在當局看來十分不合時宜的系列時評，結果被「動員」到國外療養，且一去長達十二年，實際上讓他噤聲。列寧（Vladimir Lenin）去世後，斯大林為了利用他的聲譽，尊之為蘇聯作協主席，帶頭推行「社會主義現實主義」原則，打造了一批粉飾性的文學作品。

蘇聯當局掩蓋了所有這些事實，幾十年間，國內對「哲學船事件」一無所知，包括高爾基的時評《不合時宜的思想》成為禁書。相關的檔案材料和文稿，直到蘇聯解體後才得以公開面世。

1957 年 11 月，詩人帕斯捷爾納克在意大利出版小說《齊瓦哥醫生》，次年被授予諾貝爾文學獎。蘇聯《文學報》認為授獎是西方的「一次懷有敵意的政治行動」，小說也被《真理報》等指為「反革命、反人民、反藝術」的作品。鑒於作者的「背叛行為」，蘇聯作家協會宣佈開除他的會籍，團中央書記罵他是「一頭弄髒自己食槽的豬」。帕斯捷爾納克被迫作出檢討，拒絕接受諾獎，從此鬱鬱以終。1929 年，扎米亞京的反烏托邦小說《我們》(We) 同樣在國外出版，遭到批判後退出蘇聯作協，被列格勒作家出版社開除。如果不是高爾基施以援手，讓他及時離境，結果將不堪設想。二三十年代，許多優秀的詩人和作家先後遭到鎮壓，其中有古

米廖夫、曼德爾施塔姆、巴別爾（Isaac Babel）等；或者以自殺結束生命，如茨維塔耶娃（Marina Tsvetaeva）。左琴科（Mikhail Zoshchenko）和阿赫瑪托娃被開除出作協，上了「黑名單」。布爾加科夫（Mikhail Bulgakov）、普拉東諾夫（Andrei Platonov）、扎博洛茨基（Nikolai Zabolotsky）等人的戲劇、小說和詩作都被禁止上演和出版，甚至被目為「敵人」送至勞改營。在蘇聯，嚴厲的政治文化政策及出版制度窒息了思想，扼殺了獨立、自由的寫作。

大半個世紀的「蘇聯文學」，基本上是由政治局、宣傳部和作協機關主導下形成的，是配合官方政治的奴隸主義的產物。

但是，蘇聯在氣候最為蕭殺的時期，仍然有人堅持嚴肅、真實的寫作，如利季婭（Lydia Chukovskaya）。她在1939年至1940年，即寫出反映1937年肅反的小說《索菲婭·彼得羅夫娜》（*Sofia Petrovna*），一個母親失去獨子的故事。

關於這個小說，利季婭說：

> 像索菲婭·彼得羅夫娜那樣的人太多了，幾百萬，但生活在不允許人民閱讀所有文件和文學的時代，幾十年的真正歷史被篡改的時代，他們只能根據個人經歷獨立思考……多年來我只有一份手稿，用紫墨水寫在中學生厚筆記本上。我不能藏在家裏，三

次搜查和沒收全部財產的經歷記憶猶新。朋友幫我
收藏筆記本，如果從他家裏搜出，他會被五馬分屍。

她最終沒有因為自我保護的需要而擱筆。

蘇聯作協總書記法捷耶夫（Alexander Fadeyev）於 1956
年自殺。在遺書中，他這樣描述蘇聯文學界的狀況：

優秀的文學幹部在當權者罪惡的縱容下，或被從肉
體上消滅，或被折磨至死，其人數之多，甚至歷代
沙皇暴君做夢也難以想到。

據統計，從 1934 年蘇聯作協成立到 1954 年作協第二次代表
大會召開的二十年間，受到迫害的作家至少達二千人以上。
剩下的是哪些人呢？肖洛霍夫（Mikhail Sholokhov）在蘇共
二十大上有一個震動一時的講話，他尖銳地指出，蘇聯作協
全體成員中有一大批「死魂靈」；至於作品，除了極少數富
於才智者外，都是「垃圾」。

斯大林去世後，蘇聯思想文化界進入所謂的「解凍」時
期，其實為時十分短暫。由於政治體制並未出現根本性的改
革，所謂「思想解放」是有限度的，依附這個體制生存的文
學也不可能有大的飛躍。但是，到了 60 年代，一個被稱作
持不同政見者的寫作群體出現了。這些異見分子主動撤離官
方佈置的逼窄的出版空間，開始向地下和國外進發。地下刊

物名為「薩米亞特」（*Samizdat*），其活動在 1955 年到 1965
年間達到全盛時期。在國外出版的蘇聯被禁的作品名為「塔
米亞特」（*Tamizdat*），此時也在擴散；而且薩米亞特很快就
會成為塔米亞特。其中突出的地下作家有索爾仁尼琴，他的
三卷《古拉格群島》以編年史形式描繪了集中營的災難性情
景，許多象徵性畫面，其實是蘇聯社會生活的縮影。據傳，
在蘇聯，如果誰有一本索爾仁尼琴的作品，將會遭到逮捕，
並且至少判處五年以上徒刑。但此時，迫害已無法遏止索爾
仁尼琴的影響，僅《古拉格群島》，便在多國出版，銷售量
達上千萬冊之巨。1970 年諾貝爾文學獎加強了索爾仁尼琴
的影響力，致使他終於得以在兩年後安全抵達西方。在領取
獎金的講演中，他嚴詞譴責國內政權對知識分子的迫害，認
為這是「對整個人類的一種威脅」。

後斯大林時代是一個平庸的時代。這時，當局對思想
和寫作的控制相對而言較為鬆弛，但是，由於斯大林主義本
質的東西仍舊在支配蘇聯社會，所以仍然會出現像關押布
羅茨基，逮捕西尼亞夫斯基（Andrei Sinyavsky）和丹尼爾
（Daniil Kharms）等惡性事件，以致一度激發包括蘇聯在內
的世界性的抗議。然而官方的迫害行為，畢竟一步一步往後
退，至 80 年代，便成強弩之末，一座屹立了七十年的大廈，
即將悄然坍毀。

東歐：蘇聯政治的複製品

作為蘇聯在東歐的「衛星國」，[1] 迫害與寫作的衝突一樣持續了數十年。由於這些國家的政治體制與蘇聯同構，所以迫害的手段，包括使用的名義、理論、口號，可以說是完全複製蘇聯的，屬斯大林主義版本。

個別國家如羅馬尼亞，對寫作的干預特別嚴厲，赫塔‧米勒（Herta Müller）、馬內阿（Norman Manea，也譯馬尼亞）等作家直呼黨的書記壽西斯古（Nicolae Ceauşescu，也譯齊奧塞斯庫）為「獨裁者」，著書控告國內的書報審查制度。被稱為「獨裁統治日常生活的女編年史作者」，赫塔‧米勒本人長期受到安全部門的監控，她的作品行文跳躍，作風怪異，與不自由的處境是有關係的。處女作《低地》（*Nadirs*）在出版審查時遭到嚴重刪改，甚至連「箱子」一詞也要刪去，免使讀者聯想到「流亡」。但是，她沒有屈服於審查機構的意志，把《低地》偷送到德國出版。她表示說：

> 我總是警告自己不要接受政府供給人民以「詞」的意義，我也意識到語言本身不能作為抵抗的工具。語言唯一能做的就是保持自身的純潔。

1　衛星國（Satellite State）是指在政治、經濟和軍事上都受其他國家影響及支配的獨立國家。在冷戰期間主要指在中歐和東歐受蘇聯影響的共產主義國家。

羅馬尼亞在上世紀 70 年代一度把審查的職能機構直接落實到編輯手上，並且不斷把那些精明可靠的專業人員調入編輯隊伍中來；到了 80 年代中期，重新設立了一個中央審查機構，進一步加強意識形態控制。馬內阿就有兩部作品無法通過審查，他的隨筆集《論小丑》（*On Clowns: The Dictator and the Artist*）載有這方面的個案，可見審查的嚴密。用馬內阿的說法是，解決問題的途徑只有「欺騙」：「在作品中使用詐術、典故、暗碼或粗糙的藝術形象，痛苦而隱晦地和讀者進行溝通，同時又希望能躲開審查者。」其實，這裏所說的「欺騙」，正是施特勞斯（Leo Strauss）所說的隱微寫作。

阿爾巴尼亞的情況，可舉著名小說家伊斯梅爾・卡達萊（Ismail Kadare）為例。無論在國內還是國外，他都是一個有爭議的作家，所以如此，主要是因為他在領導人霍查（Enver Hoxha）在世時，是一個頌歌唱得最響亮的「御用作家」。在國際上有影響的小說，大都是他出國以後寫成的。人們始終弄不清楚：他的前後差異完全是出於人格分裂，還是最後走向對真理的皈依？出國前寫成的小說《夢幻宮殿》（*The Palace of Dreams*），採用寓言體形式，完全有可能是為了逃避恐怖，而不僅僅出於藝術上的考慮。然而，由於主題的敏感性，雖然說的是奧斯曼帝國的故事，也無法遏止讀者包括審查官員的想像，所以出版後不久即被列為禁書。

波蘭是一個英雄的民族，19 世紀以來不斷進行爭取民族獨立和民主的鬥爭。文學方面有着密茨凱維奇（Adam Mickiewicz）、軒克維奇（Henryk Sienkiewicz）的傳統，但是，至 20 世紀下半葉，那種直面人生、批判現實、勇敢抗爭的小說作家極為罕見，而以憤火內焚並以此烤炙社會的詩人卻成群出現，成為一種突出的文學現象。為了逃避政治恐怖，恰好拜詩歌含糊多義的形式之所賜。米沃什（Czesław Miłosz）是其中的代表性詩人，不過他在完成隨筆集《被禁錮的頭腦》（*The Captive Mind*）之後，就流亡到美國去了，大部分詩人仍然留在籠子裏歌唱。1976 年，另一位著名詩人赫伯特（Zbigniew Herbert）辦了一份地下文學刊物《記錄》，除了刊載其他作家和詩人的作品之外，他自己也不斷在上面發表抗議的詩章。

《被禁錮的頭腦》第三章寫到「凱特曼」，一種偽裝方式、手段和策略。其中說，受到「帝國政權和辯證法壓力」的知識分子思維充滿了矛盾，「幾乎所有人都不得不成為演員」。然而，作為一個熱愛自由、追求真理的作家，如果不甘於沉默，希望在書架上看到自己的作品，而又能保持內心的信仰，就必須付出代價，甚至必須寫出一定數量的歌功頌德的文章和詩歌。他提醒說：「評價一個人在地球上的生活形態，不能只根據他被迫寫了一些曇花一現的讚頌作品。」

書中以波蘭的偉大詩人密茨凱維奇為例，説「他儘管十分憎恨沙皇，也不得不將自己的長詩獻給沙皇，題詞中對沙皇大加讚頌。他深知他自己落入了陷阱，便使用了騙局逃離俄羅斯，表現出他真正是個何許人物。」凱特曼有諸多變種，從事寫作是其中的一種。「職業工作凱特曼」中的寫作，其實就是隱微寫作。

在東歐，幾乎是連鎖反應般地，在 70 年代都出現了地下刊物。現在看來，這種薩米亞特現象，其實是「斯大林體制」崩潰的一個先兆。

薩米亞特最活躍的國家是捷克斯洛伐克。1968 年的「布拉格之春」，加劇了知識分子的地下活動。遭禁的作家定時聚會，朗讀新作，交換手稿，非法印刷及傳播。至 1980 年年底，秘密出版的持不同政見者的書籍即有二百多種以上。昆德拉（Milan Kundera）是一個從接受現體制保護轉向抽屜寫作過渡的作家（編按：即從原先的親官方立場轉變為隱性的反官方立場）。在他表現出明顯轉折的作品《玩笑》（*The Joke*）出版時，仍然被審查官扣留了半年。他渴望逃避，後來去了法國，以致最後用法語寫作。現行體制不容許「真實」的存在，不容許質疑，更不容許抗議。由哈維爾（Václav Havel）、帕托什卡（Jan Patočka）等聯合簽署的《七七憲章》，是著名的地下出版物。發起者要求「政治需聽從法律，而法律無須聽從政治」，結果是「政治」登台清場，哈維爾繫獄，

帕托什卡被折磨致死，憲章運動遭到嚴厲鎮壓。然而，歷史的意志畢竟不可違拗，《七七憲章》的影響力不斷擴大，從地下到地上，終至於在 1989 年揭開新的一頁。

東歐同蘇聯一樣，由於特殊的制度因素的制約，優秀的作家和作品，大抵只能在地下和國外產生。

德國：圍繞「托馬斯・曼風波」

阿倫特（Hannah Arendt）在其政治學名著《極權主義的起源》（*The Origins of Totalitarianism*）中，將蘇聯和納粹德國一併論列。歷史表明，德國的國家社會主義，在許多方面是師法蘇聯的，陳獨秀則乾脆指德國是普魯士[2]傳統加布爾什維克主義。其中，意識形態的控制與宣傳，利用所謂「群眾」對知識分子、作家和藝術家進行迫害等尤為突出。納粹集團從崛起到覆滅，大約只有十年左右，由於上台倉促，又急於發動戰爭，在文化政策的制訂方面，不如蘇聯的系統周密。對於知識分子和自由作家，也都基本上採取運動式的一次性清洗的策略，一面焚毀書籍，一面流放或監禁精英分子。據魏德曼（Volker Weidermann）《焚書之書》提供的名

2　普魯士是位於中北部歐洲的一個國家，在歷史上是德意志統一以及德意志帝國立國的主要力量。1947 年，聯合國管理委員會宣布以普魯士為名的國家正式滅亡並不獲承認。

單，在 1933 年至 1935 年間，共有 94 名德國作家和 37 名非德語作家作品被焚毀，一百多位作家逃亡國外。亨利希·曼（Heinrich Mann）、托馬斯·曼（Thomas Mann）、布萊希特（Bertolt Brecht）、圖霍夫斯基（Kurt Tucholsky）、茨威格（Stefan Zweig）等著名作家都在逃亡之列。

迫害是有威懾力的。但是，對於那些遠離國境的作家來說，極權的淫威已不復存在；他們跟從前一樣，依然關注着這塊為恐怖與謊言所統治的故土，以筆為劍，加入國際反法西斯主義陣線。在耽留國內的作家中，不少樂於充當納粹政權的啦啦隊，響應「血與土」的主旋律，製造新的國家神話。自然也有保持沉默者，有的則在無涉政治的題材中寫些電影腳本，或是兒童讀物。值得指出的是，有一批被稱為「內心流亡者」，他們不憚於眼前的壓力，在無比險惡孤獨的境地裏，發出深沉的反抗的呼聲。

流亡的作家不承認世界上有什麼「內心流亡」，質疑「留下來的人」的作品的反抗的有效性。而在國內從事禁閉式寫作的作家對於流亡作家置於自由的國度而非議不自由的同行的做法，同樣不能接受。著名的「托馬斯·曼風波」凸顯了兩部分作家的分歧，它對於理解政治與寫作的令人困惑的關係，頗具啟示的意義。

1945 年 5 月 8 日，托馬斯·曼在英國廣播公司對他的「德國聽眾」發表講話，首次提出一個「德國人」的集體恥

辱問題；對於國內同行呼籲像他一樣的流亡者回國一事，表示了自己的看法。這次講話引來莫羅（Walter von Molo）、蒂斯（Frank Thiess）等人的答覆。蒂斯在公開信中否認全體德國人都負有罪責，為「留下來的人」辯護，甚至說：

> 我認為要在這裏保持人格，比在那邊向德國人民發些通告不知要困難多少，那些通告，人民中有些是根本不聽的，而我們這些知情者則始終覺得比他們高出一頭。

托馬斯·曼把關注點引到「忠誠誓言」上面，因為許多被稱為「內心流亡者」在納粹統治時期都曾經宣誓效忠。他斥責說：

> 在我眼裏，從 1933 年到 1945 年在德國境內能夠出版的書籍毫無價值，不值得沾手。這些書散發着血腥、恥辱的氣味。這些書應當統統搗爛化為紙漿。

德國報紙展開激烈討論，不少人對托馬斯·曼進行反擊。為此，托馬斯·曼非常失望，拒絕回國，其他流亡作家也深感到祖國不公正的對待。

蒂斯在辯文中，把極少數納粹分子及當時官辦「作家協會」全部成員歸納為「內心流亡者」，無疑是草率的。但是，在「留下來的人」中，確實存在少數堅定的反抗分子；

有的早先還曾是納粹的追隨者，終至放棄優越的寫作條件而從事冒險實屬不易。納粹掌權後，嚴厲控制新報刊的創辦，為了儘可能縮小輿論的影響力，甚至壟斷了報紙的分配。儘管如此，當局仍然無法禁止原有的報刊為「國內流亡派」所利用；至於由一些進步的黨派勢力組織式滲透的作家團體，表現尤為激烈。它們出版抵抗運動的小冊子、地下報刊、各種非法出版物，突破重重關卡傳送到儘可能多的德國人手中；或者將出版物偷運出境，在國外揭露德國的事實真相，發出呼籲和警告。更普遍的情況是，留下來的作家多以自己所獨創的、偽裝的、巧妙的形式，爭取通過書報審查，以期獲得合法出版。事實是，已經獲准出版的書刊，也不能確保絕對安全。正如費舍爾（Klaus P. Fischer）在流亡者刊物中預料的那樣：「他們的嘴遲早要被封上，他們手指間的筆早晚要被擊碎。」被逮捕，進集中營，遭到處決的作家足夠開具一份清單。在極權國家裏，只要心懷不滿而又有所表達，都會遭遇不幸的結局。而這種壓抑和恐懼，倒是流亡國外的作家所無須經受的。

關於「隱微寫作」

納粹上台時逃至美國的猶太政治哲學家施特勞斯（Leo Strauss）於 1952 年出版《迫害與寫作藝術》（*Persecution and the Art of Writing*）。他給出的「迫害」的概念，涵蓋最殘忍的類型和最溫和的類型，但明確指出，如宗教迫害、政治迫害與一般的社會排斥是不可同日而語的。因為迫害，產生出一種獨特的寫作技巧，一種獨特的著述類型：只要涉及要害問題，真理就必須通過字裏行間呈現出來。這樣一種「採用字裏行間的寫作方式」，施特勞斯稱之為「隱微寫作」，而與「顯白寫作」對稱。隱微寫作明顯是隱喻性的，帶有構思晦澀、矛盾、怪異、迂回、暗示、提示、象徵、雙關等等特點，包括使用筆名。劇作家布萊希特在《寫出真實的五種困難》一文中提到的「把真實分成許多份來說」，也可算是隱微寫作的一種技巧。隱微寫作是與專制的、不自由的社會環境聯繫在一起的；除非思想氣候發生變化，不然，持異端觀點的作家一定不會放棄這種寫作方式。

施特勞斯認為，隱微寫作具有公共交流的全部優點，而免於公共交流的最大弊害：作者有可能被處於極刑。作家堅持隱微寫作，選擇的讀者對象只能是有思想的人，通過這些「值得信賴的聰明讀者」，以「字裏行間閱讀法」還原其根本意圖，從而把真理從真誠的謊言中剝離出來。

在極權主義國度，優秀的著作幾乎不可避免地帶有隱蔽的方式、形式和風格。由於文學作品本身用形象說話，可以避開邏輯語言的直接性，而且，除了虛構，它還擁有多種修辭方式，可以成為隱蔽的對抗手段，因此，隱微寫作者往

往是作家；在政治迫害時期出現和存留最多的作品，就是文學作品。

德國老牌雜誌《德國評論》的主編培切爾（Rudolf Pechel）為了把刊物變成反對派的喉舌，便採用偽裝手法。比如他最有名的一篇關於西伯利亞的文章，其中有一段對一本寫蘇聯恐怖政策的書的評論，每句話都適用於納粹的高壓政策。刊物不時出現諸如《騙子頌》、《權力的罪惡》、《一個暴君的形象》等標題，啟人聯想。當然，作為代價，他在集中營和監獄中關了三年。《法蘭克福報》的文藝副刊利用納粹黨人的語言說事，如稱日本人為「黃色的雅利安人」之類，極力以合法的形式表達對國家社會主義的不滿，最後導致報紙被查封。

歷史小說盛行是有根據的。留給德國作家可選擇的題材有限，動輒得咎，只好回到往昔尋找更大一點的寫作空間。當時，伯根格倫寫了一部影響極大的小說《大獨裁者和法律》，當它最初以連載形式刊出時，編輯不得不對原稿進行了改動。首先，書名換成《誘惑》，書中「獨裁者」改為「攝政者」，只要小說中的獨裁者與希特拉有相似之處都被刪除乾淨，所有的政治性暗示當然不可能保留。小說出版時意外恢復了原來的書名，震撼力可想而知。雷克・馬爾克澤文（Friedrich Reck-Malleczewen）的《博克爾森——一場群眾性歇斯底里的歷史》（*Bockelson: A History of Mass Hysteria*）

是一部歷史學著作，表面上是有關 16 世紀蒙斯特的再洗禮教教徒的研究，實際上在攻擊導致納粹黨上台執政的群眾性歇斯底里；而且，書中對政治暴發戶必然迅速跨台作出暗示。在當時一片「形勢大好」的情況下，他還設法公開發表《絕望者日記》（*Diary of a Man in Despair*），説：「任何人只要懷疑到或發現了新教義的毛病，都註定要判死刑。」這就露骨多了。結果，在被監視十年之後，他於 1944 年 12 月被捕，兩個月後死於達豪集中營。恩斯特・榮格（Ernst Jünger）的小説《在大理石峭壁上》（*On the Marble Cliffs*）被譽為「德國國內抵抗派文學代表作」，不但能公開出版，而且頭版銷量在萬冊以上，創造了一個小小奇跡。究其原因，就在於神秘、華美的形式外衣，迷惑了審查官的眼睛和鼻子。小説寫到暴君和恐怖，但是榮格並沒有虛擬一個固定的故事背景，而是在過去和現在、北方和南方、愛情與死亡之間自由往返，意象密集，文字優美，神話和隱喻超量使用，正如一位評論家所説，它是作者「內心刻意結撰的一個神秘的避難所」。當然，榮格作為民族派人物的赫赫聲名起到一定的掩護作用，不過，當時已經有人提出此書應當列入黑名單。

在納粹德國，抒情詩突然繁榮起來。據文學史家的描述，作家普遍寫詩，這種現象比傾向於歷史題材的寫作更加引人注目。所謂「詩無達詁」，詩歌本身的歧義性，就包含了「隱微寫作」的有利因素。哈格爾斯坦概括這個時代許多

人選擇十四行詩的原因時說：「十四行詩為他們提供了像花崗岩石板一樣的建築材料。這種形式體現的是與混亂的對抗，是對新秩序的期望，對虛偽靈魂的反擊，十四行詩完全變成了一種流行的抵抗形式。」說十四行詩是一種「抵抗形式」未免誇大，但確乎不乏這樣的例子。在被槍殺的阿爾布雷希特・豪斯霍弗爾（Albrecht Haushofer）的遺物中有一個筆記本，上面留下寫於獄中的 79 首詩，就叫《莫阿比特十四行詩》（*Moabit Sonnets*）。

從隱微寫作看迫害與寫作的關係，是寫作者與權力者之間的一個周旋過程。維舍特（Ernst Wiechert）原本算得上是納粹黨的寵兒，曾經兩度獲獎，甚至計劃寫作一部題為《第三帝國》的「日耳曼人靈魂的清唱劇」。一如他所述，「直到 1935 年以前，那條路仍然對我敞開着。我非常清楚，那是一條表面看來十分耀眼的路，我只須抓住那仍向我伸出來的手便可踏上這條路。」但是，他並不想抓住那伸過來的手。最終他拋棄了官方所給予他的盛大的榮譽，還有錦繡前程；尤其令官方不能容忍的是，他對這所有一切公開表示蔑視。他被關進了集中營，出來後，並未中斷寫作和社會活動。1935 年 4 月，他在慕尼克大學演講，呼籲大學生獨立思考，傾聽良心的聲音，不要被蠱惑。這次演講，在莫斯科的流亡刊物《發言》（*Das Wort*）上發表，為當局所注意。1937 年，他在科隆搞了一次公開朗讀活動，朗讀他的《白水牛》（*The*

White Buffalo）——一個關於堅持正義和真理，與謊言作鬥爭的印度傳說，直接招致蓋世太保的制止。1938 年春被捕，在慕尼黑監獄轉入布痕瓦爾德集中營，直到年底釋放。他在小說《死亡之林》（*Forest of the Dead*）中記下集中營的體驗，這個作品以及其他一些作品都被他埋在花園裏，直到納粹政權覆滅之後，才拿出來發表。

在對抗政治迫害的鬥爭中，寫作者表現了他們的英雄主義。他們努力突破嚴密的審查制度而爭取合法出版的權利，即使完全被封殺，還可以偽裝，隱微寫作；還可以保持沉默，轉入地下。他們始終等待而且相信，獨裁者終有滅亡的一天。真正的寫作者忠於自己，他們都是有尊嚴的人，都有一顆自由的、不屈的心。

拉丁美洲：軍人集團與文人集團的較量

拉丁美洲有着獨特的歷史，它長期封閉起來，被「發現」很晚，是西班牙、葡萄牙等歐洲殖民主義者把它帶到現代的門檻上來。在政治文化方面，既與歐洲傳統相連接，又極力使之分離。這種分離意識在第一代知識分子中便已充分地表現出來，如何塞・馬蒂（José Martí）等，他們勇敢地投入到反對殖民者、爭取民族解放的鬥爭之中。在這中間，伴隨着他們的不僅僅是火器，還有寫作，都是集體的戰叫。

驅走殖民主義者之後，軍人長期盤踞拉美政壇，實行獨裁統治。民族獨立並沒有給人民帶來自由與和平。1982年，馬奎斯（Gabriel García Márquez）在諾貝爾文學獎演說詞中專一訴說拉美的「孤獨」：在十年左右的時間裏，發生過五次戰爭、十七次政變，由於暴力鎮壓而死去的人有 12 萬之多。阿根廷 1976 年至 1983 年的「骯髒戰爭」[3] 臭名昭著，孕婦被捕後在監獄分娩，而孩子不是被軍人「偷竊」，就是被監禁在孤兒院裏。3 萬人失蹤，「五月廣場」至今飄蕩着青年的亡魂和母親的哭泣。智利的逃亡者即多達 100 萬，佔國民人口的百分之十。烏拉圭被認為是拉美最文明的小國，每五個公民就有一個人在流放中失蹤。馬奎斯統計說，如果將拉美的流亡者和被迫移居國外的僑民組成一個國家，其人口總數將比挪威還要多。

　　流寓歐洲的作家不少，雖然大多是「自願的流亡者」而非政治流亡者，但都是因為逃避國內政治的專制和黑暗，正如略薩（Mario Vargas Llosa）介紹說的，流亡國外可以更好地寫作。他說，僅僅在秘魯就能開列一份由流亡多年的人寫的著名作品的清單。其中，寫《王家述評》（*Comentarios*

3　「骯髒戰爭」是阿根廷右翼軍政府國家恐怖主義時期，針對異議人士與游擊隊所發動的鎮壓行動。

Reales de los Incas）的加西拉索（Garcilaso de la Vega）流亡了三十年，寫《人類的詩篇》(*Human Poems*)的巴列霍（César Vallejo）流亡了十二年。這些流亡者即使遠離了拉美，仍然不曾忘懷這塊黑暗的大陸，他們的作品帶有深刻的民族特點；所以，略薩說流亡者加西拉索和巴列霍的文學，可以稱為扎根本國的文學。

作家受到專制當局的直接迫害而繫獄、逃亡，甚至死去也大不乏人。古巴的卡彭鐵爾（Alejo Carpentier）由於在一項反對馬查多的宣言上簽名，便被投入監獄，他關在普拉多第一監獄裏就達七次之多。他的第一部小說，就是在獄中寫的。智利詩人、諾貝爾文學獎獲得者聶魯達（Pablo Neruda），在上世紀 40 年代淪為流亡者。他的住宅被焚燒，本人遭到通緝，有長達一年零兩個月的時間過着逃亡生活。就在這動盪的生活中，他完成了一生中最輝煌的詩集《漫歌》。其中，就有一首長詩名為《逃亡者》。1951 年流亡法國的阿根廷小說家科塔薩爾（Julio Cortázar）形容這些處於軍人獨裁統治下的拉美國家的文學，就像一個人在牢房裏唱歌，包圍他的只是憎恨和不信任；在那裏，無論是批判性思想還是純粹的想像都被視為一種罪行。他說，只要文學干涉現實，就會立刻遭到現實的排斥和打擊；那些揭露現實的文字，只能把思想真實和希望的秘密藏匿起來，閱讀它就像收到那種拋在大海裏的漂流瓶一樣。

科塔薩爾指出，阿根廷文學跟智利、烏拉圭文學一樣，其處境是絕望的。它是一種在流亡和被迫的沉默、疏遠和死亡之間搖擺的文學。一些作家僑居國外，另一些作家卻根本不能出國，他們遭到綁架甚或被殺死。他隨之列舉了一批作家的名字，肯定了「在國內工作的人」為使他們的思想戰勝審查和威脅而竭盡努力；與此同時，在國外寫作的人也在通過公開的或地下的途徑，向國內人民傳遞他們的聲音，為抵消官方的宣傳而全力以赴。

傳記作家伍德爾稱，博爾赫斯 (Jorge Luis Borges，也譯波赫士)「到死為止同他國家的歷屆政府一直不和」。事實上，博爾赫斯是一個保守主義者，長期受到左翼的攻擊，晚年有同軍事獨裁政府合流的嫌疑，曾同魏地拉將軍共進午餐，同臭名昭著的殺人犯、大獨裁者皮諾切特 (Augusto Pinochet) 將軍合影，還曾接受鄰國大元帥頒給的貝爾納多・奧希金斯十字大勳章。據說正是為此失去諾貝爾文學獎的殊榮。但是，他確實是一直敵視庇隆及其政權的。

另一位傳記作家莫內加爾 (Emir Rodriguez Monegal) 稱，博爾赫斯生活在「庇隆的精神牢獄」裏，「他憎恨這個煽動社會仇恨、進行卑劣的法西斯說教、用庸俗的方式大肆蠱惑人心的政客領袖」，他帶着這種憤激構築他的文學迷宮。在這裏，引入施特勞斯的「隱微寫作」的概念是合適的。博爾赫斯曾經聲稱：「獨裁扶植了壓迫、奴役、殘暴，更可恨的

是獨裁扶植了愚蠢……」；又表示説，向獨裁政權的野蠻和愚蠢的行為作鬥爭，是作家的諸多責任之一。可是，他畢竟是一位膽小的作家，在巨大的政治壓力面前，充分顯示了虛構的能力和智慧的技巧，伍德爾稱之為「典型的規避戰術」。他有一些作品是秘密印刷，在小圈子內流行的。在作品中，他試圖否認時間的存在，着力於描畫同源事實，呈現幻想世界、歷史與現實世界的同一性，「不是相似，而是一模一樣」。在詩集《深沉的玫瑰》（*La Rosa Profunda*）中，他寫詩悼念 5 歲的甥孫女落水溺死：

> 在這次小小不言的死亡中
> 有多少可能的生命隨之消失？

在詩中，他諷刺説，他的國家是「英勇的」；而這個國家，正是已經開始了「失蹤者」時代的阿根廷。詩的最後一行是：

> 籠罩在我們頭頂的是殘暴的歷史。

　　1980 年 4 月 28 日，博爾赫斯對《新聞報》駐馬德里記者發表聲明説：

> 對於恐怖主義和鎮壓在國內造成的嚴重的道德問題，我不能置之不理：面對這麼多的死亡和失蹤，我不能保持沉默。

一個月後，他又發表一個反政府的聲明：

> 對於現政府，我無法施加影響。它是個國家主義的
> 政府，我不是國家主義者。……我沒有任何職位，
> 我是自由人。

博爾赫斯二十年前所作的聲明，至今仍然使廣大的倖存者感到震驚，心存愧疚。這個盲人被我們的許多才子作家奉為藝術守護神，後現代主義文學偶像，但是，他們忘記了，就是這樣一個拉美作家，在他的迷宮樣的作品中，隱藏着一種不屈的對抗的力量。正如他在作品《札伊爾》中的一句插話所表述的：「不管怎麼不完整，我仍舊是博爾赫斯。」

中國：魯迅傳統

中國是一個有着二千多年專制主義傳統的國家。其披覆之深廣，致使 20 世紀七八十年代文化大革命結束以後多年，諸多文件、報紙、報告、會議的講話等仍然出現「封建主義殘餘」一類話語。自秦以後，行郡縣制而非分封制，即所謂「百代都行秦政制」，所以，學術界有人作出結論說：教條主義地套用馬克思的建基於西方歷史的歷史分期說是不恰當的，從本質上說，「封建主義」應為「專制主義」。

秦始皇「焚書坑儒」是中國式文字獄的一個原型。文人命途多舛，明清之後，所受迫害更劇。及至現代，國民黨

以黨治國，把蘇俄和德國現代管理的嚴密性和本土帝制時代人治的隨意性結合起來，建立書報審查制度，對作家言論和寫作實行高度控制，這在中國歷史上是帶開創性的，前所未有的。今天有學者淡化甚至美化國民黨統治時期的文網史，如果不是出於相對主義的敘述策略的話，那麼簡直是無知妄斷。無須翻查相關的檔案及文學資料，僅就魯迅 30 年代的著作而言，就多次涉及國民黨的文化統治政策。所謂「吟罷低眉無寫處」，這是的確的。

作為反抗迫害的寫作者，魯迅無疑是一個標誌性的人物。他的作品被刪、被禁，或根本無從發表。但是，他沒有在淫威下屈服，誓言「以筆對付手槍」，主張「韌戰」、「壕塹戰」、「散兵戰」，不斷尋找「鑽網的法子」，並極力使之完善為一種藝術，他使用筆名多達九十多個，在世界作家中是罕見的。在他的作品中，雜文寫作尤為突出：題材有史學、有新聞，以及各種雜聞，可謂無所不包；類比、借喻、諷刺、幽默、反語、互文、影射、改寫，春秋筆法，神出鬼沒，堪稱隱微寫作的大師。但在關鍵時刻，他也會走出壕塹，恢復顯白寫作。遠在北洋政府槍殺學生，國民黨「清黨」時不說，「黨國」建成之後，當左聯作家被害，日本侵華，重大口號論爭，他都有鋒芒畢現的作品出手。但主要是隱晦曲折，這是迫害時代所加於反抗者的風格烙印。也有完全轉入地下的，譬如拿作品到境外發表，或在非法刊物發表。

魯迅去世以後，他的隱微寫作的傳統並沒有在歷史的順延中得到合理的承繼。抗戰文學趨於一致性激烈，是可理解的，戰後的寫作者也多黨派化，集團化，獨立反抗的寫作者非常稀少。

延安文學是中國文學的一個重要分支，有它的獨立性。在延安，魯迅一面受到尊崇和利用，但是，另一方面也受到不應有的貶抑和扭曲。有一種理論認為，解放區是光明的，採取暴露的方式是不合適的；而且，諷刺不能亂用，倘運用於革命人民和革命政黨是錯誤的，因此，魯迅式的「雜文時代」應當宣告結束。魯迅的青年朋友如蕭軍、胡風、馮雪峰，先後遭到整肅並非偶然。1957 年「反右」初期，在上海的一個文教工商界座談會上，翻譯家羅稷南向毛澤東提出一個關於「魯迅活着會怎樣」的問題，毛澤東的回答是：「要麼被關在牢裏繼續寫他的，要麼一句話也不說。」

1949 年以後，政治運動頻繁，知識分子被規定為思想改造的對象，這對於正常的寫作是一個衝擊。文化大革命發展到極端，一夜之間，許多學者成為「反動學術權威」，作家成為「牛鬼蛇神」，被抄家、批鬥、關進「牛棚」、下放「幹校」、被迫放棄寫作。如巴金就沒有創作，連隱微寫作也沒有；發表時被「開天窗」的《隨想錄》，還是文革過後幾年寫作的。當時，他只敢做做翻譯，頂多是腹誹，借譯赫爾岑（Alexander Herzen）詛咒沙皇的文字以舒憤懣。整個文

革期間，只剩一個作家和幾個戲，哲學社會科學及文學刊物停刊，書店一度只有「紅寶書」(編按：即文化大革命中毛澤東的著作) 赫然在架。如果說有所謂「地下文學」，惟是《第二次握手》之類有數的幾種。右派劉紹棠把偷偷寫就的小說稿埋入地裏多年，後來挖出來發表，其實，依舊是如從前一樣的田園牧歌式作品。

　　用意識形態專家的概念來說，這是一個「左」的時期。中共十一屆三中全會前後，開始「撥亂反正」，平反冤假錯案，55 萬右派脫帽，知識分子加冕為「工人階級的一部分」，堪稱「大團圓」的美妙結局。當時，知識界有「第二次解放」之說，可見先前的禁錮之深，也可見即時的一種普遍的感恩心情。今年（2012 年）4 月，為紀念毛澤東《在延安文藝座談會上的講話》發表七十周年，上百位著名作家踴躍參與中國作家出版社發起的「《講話》百位文學藝術家手抄珍藏紀念冊」活動。經歷了幾十年政治運動的考驗，中國作家始終與黨保持高度一致。

　　所謂「魯迅傳統」，在新的形勢下，是否有必要作出新的闡釋？

2012 年 8 月 1 日

關於歐洲的三本書

跨國生意：思想價值的發現

法國大革命以非和平的抗爭形式，把自由、平等、人權等現代價值觀念，傳播到整個歐洲乃至世界各地，改寫了人類命運的圖景。這叫「創世紀」。

大革命的思想觀念來源於「啟蒙運動」。在這場運動中，知識界精英出版了一批重要著作，其中《百科全書》是標誌性的。這部由狄德羅（Denis Diderot）和達朗貝爾（Jean le Rond d'Alembert）主編，知識分子集體撰寫的所謂「辭書」跟一般的工具書，包括《不列顛百科全書》（也稱《大英百

科全書》）大不相同的地方在於，它不僅僅介紹新知識，更重要的是以科學理性精神，批判政治專制、宗教偏見和經院哲學，富於挑戰性，簡直就是一部政論集。因此，它理所當然地遭到政府的查禁，反動的政治勢力及教會勢力的嫉恨，同時為新興的第三等級、[1]法國革命黨人所歡迎。

美國著名的歐洲文化史專家羅伯特・達恩頓（Robert Darnton）十分重視《百科全書》在近代歷史中的作用，在其著作《啟蒙運動的生意》（*The Business of Enlightenment*）中稱之為「一場偉大的思想運動的知識大全」，「是人類精神和出版物的偉大勝利」。

關於《百科全書》研究，歷史學家都把注意力放在編纂者和舊制度的衝突上，達恩頓卻把目光從知識者那裏移開，集中到出版商身上，主角由狄德羅們換成了龐庫克（Charles-Joseph Panckoucke）們，於是，一場思想解放運動成了一樁生意。在書中，他讓我們看到，一部危險的顛覆性著作，如何戲劇性地藉由投機性質的商業運營而迅速擴大其思想影響的。

達恩頓說，《百科全書》的出版史是一個「好故事」。他把英國人的經驗主義和法國人對社會史的興趣結合起來，

1　在法國舊制度中，除了教士階級、貴族階級外，當時法國社會中的其他公民組成的階級便是第三等級。他們擔負納稅和其他封建義務。

通過檔案、帳本、數字、圖表以及其他資料編織這個故事；追蹤一部書的生命周期，猶如講述一部戰爭史。權力、資本、知識和思想，在這場公開而又隱蔽的戰爭中相互利用，交鋒、妥協、攻佔或退守。我們在書中會有許多意外的發現，比如：《百科全書》的第一批、也是最熱心的一批讀者，竟然是官員、貴族、特權者，有身份的人；又如，《百科全書》初版在國內不能銷售，出版商卻把市場開拓到了國外，雪球愈滾愈大，以致後來演變成為跨國的出版協作機構，一部遭受最多最嚴厲迫害的禁書成了最大暢銷書；又如，書報審查機關本來是《百科全書》的死敵，而總監馬爾澤爾布竟成了有力的保護人。我們無論如何也想不到，這位「警官」式的人物會說出這樣的話：「只讀政府正式批准出版的書籍，會比同時代人落後一個世紀。」

變革的時代需要思想。法國的知識者有責任而且有能力提供所需的思想資源，所以是偉大的；而法國的出版商能夠及時發現思想的價值，所以也是偉大的。

德國：脊樑為何兩度彎曲

作者蘭德爾・彼特沃克（Randall L. Bytwerk）是美國密歇根州加爾文學院傳播學教授，長期致力於德國宣傳領域的研究。《彎曲的脊樑》（*Binding Spines*）是在著名的柏林圍牆

坍毀之後多年寫出的，這使他有可能充分使用相關的檔案材料，以及別的資料。

彼特沃克在書中把先後出現的兩個德國——納粹德國和民主德國，也即東德——聯繫起來，從「宣傳」這個視角進行比較研究。作者把兩個德國同樣看作極權主義國家，宣傳作為獨裁的操作性工具，是它們所共同擁有的。在比較中，作者同時指出，西方民主國家恐懼宣傳，至少是公開反對它。

《彎曲的脊樑》的導論開頭便使用了「脊樑」的比喻，在引用一位牧師的話之後，接着引用東德國家讚美詩的作者兼文化部長貝希爾（Johannes R. Becher）在亡國後十年才得以發表的詩《燒傷的孩子》（*Burnt Child*）：

> 那個脊樑已經受傷的他
> 別人很難讓他相信
> 還能筆直地站立
>
> 受傷的記憶
> 讓他恐懼
> 縱然治癒後
> 休息已足夠長……

在這裏，「脊樑」指一個民族的精神、元氣，魯迅也有過「中國的脊樑」的比喻。詩中揭示的民族創傷的事實，相信凡是經歷過如此浩劫的人們，都會有同樣的徹骨的痛感。

書中對於兩個德國在宣傳活動方面所作的比較，有一點是突出的，就是同大於異。作者首先比較了不同意識形態的宗教性，納粹和東德都在培養一種絕對信仰：納粹是「領袖永遠正確」；而東德則稱「黨總是正確的」，強調黨才是絕對知識的真正來源，黨的集體領導能夠科學地做出「準確無誤的決定」。至於教義，納粹沒有宣傳指南，領導人不喜歡理論，其自信是建立在信仰和堅定的意志之上的；東德則堅決主張其科學的基礎，即蘇聯版的「馬列主義」，他們喜歡教條主義的宣傳。兩個德國都致力於宣傳幹部的培訓，緊緊抓住新聞媒體不放，媒體的統一性是不言而喻的。書中援引了一位東德的新聞工作者的自我評價，說：

> 我們沒有地位，不管是在人民中間，還是在黨的機構中⋯⋯我們被整個黨的機構看成是筆墨奴僕或操刀代筆者，等待有人給予命令的人。我們沒有被認真對待。人民說我們是國家的宮廷弄臣和小丑。

至於文藝方面，納粹宣稱：「只有黨和國家有權利界定與國家社會主義文化觀相一致的標準。」他們設立文學和藝術的獎項以誘惑文藝家，提出一份黨所許可或受譴責的文藝家的清單。比較而言，東德更重視文藝，它不像第三帝國那樣沒有賜予大部分作家以任何特別的好處，而是通過作協把作家供養起來。書中說，由於「受到黨在幕後的操縱，作家紛紛

發表聲明，表示決心深入工廠和建築工地來寫作歌頌的文學作品」。

在第七章〈公共與私人生活〉中，可以看到，德國兩個政權體系都把大量精力放在實現「一致性」的幻覺之上，它是有效宣傳的基礎。首先是保證「黨內高度一致」，然後是「99％的選舉勝利」，畢竟保持了徒有其表的選舉形式，比不知選舉為何物的赤裸裸的專制政體看起來好得多。這種「公共一致性」大體通過兩種方式達致：一是社會賄賂，即所謂收買人心；二是威嚇與強制，包括禁止示威遊行，等等。

最後一章名為〈失敗的宣傳〉，全書是以這樣一段話結束的：

> 不管獨裁政權多麼努力地嘗試，它們運轉多長時間，都不可能創造出由充滿激情地、毫無異議地服從於統治性教條的公民組成的國家——這一信條在其核心處已經腐敗不堪。……借用聖經的隱喻，它們那建立在流沙之上的房子，根本無法抵抗暴風雨的肆虐。

精神淪喪是社會的最大悲劇

法國哲學家、思想史學家亞歷山德拉・萊涅爾・拉瓦斯汀（Alexandra Laignel-Lavastine）給《歐洲精神》（*Esprits d'Europe*）一書寫的前言，就叫「消失的大陸」，明顯地表明一種危機感。他引胡塞爾（Edmund Husserl）的話說，歐洲的未來無非走向兩端，或者在仇恨和野蠻中沉淪，或者在哲學的精神中重生。歐洲面臨的最大威脅是自我懈怠。如何可能獲得重生呢？作者認為，只有重新擁有歐洲核心的文化遺產，才能進行哲學思考。

全書由三位東歐思想家來代表哲學歐洲，終極的精神目標和意義所在。這三個人是同時代人，都在兩個極權政體國家生活過，是「三座不同政見派的燈塔」，「時代最偉大的良心」。他們是：米沃什、帕托什卡和畢波（István Bibó）。一個波蘭人，一個捷克人，一個匈牙利人，共同構成為一個美好的精神團體，全書就圍繞這個團體依次展開。

米沃什（Czesław Miłosz）在 1953 年出版《被禁錮的頭腦》，一部關於東歐「人民民主」中的意識奴役問題的論文集，集中體現了個人反抗的思想。他來自 20 世紀黑暗的中心，長期流亡在外，對潛在的對抗性矛盾特別敏感。他一再提醒說，存在兩個歐洲，存在理性的光輝與陰影，但因此也便反對將善與惡絕對地相對化。他認為，在波蘭，最偉大的英雄行為與最令人不齒的懦夫行徑並存，受迫害者同樣是有罪的，有責任的。善、普遍性、對他人命運的關懷和對公共世界的守護，都來自個人良心，並要求以自己的方式作出回應。他指出，內心的命令如果不能依賴於道德規範的制度，

而是依賴某種意識形態，那麼是荒謬的。20世紀發生的悲劇，正是根源於此。

帕托什卡深受捷克斯洛伐克當局的迫害，被禁止使用護照，著作被列為禁書，連工作也受到威脅。1968年「布拉格之春」運動遭到鎮壓，人們從此確信：真正的改革不可能是自上而下的，政黨國家在通往現代社會的過程中已經病入膏肓。此時，帕托什卡加入著名的《七七憲章》運動，並擔任發言人。不久，他遭政治警察逮捕，在獄中經歷無數次審訊，終致於無法支持，於1977年3月因腦溢血逝世。

帕托什卡定義歐洲是「一個被質問的大陸」，作為哲學家，他以他的哲學探索將歐洲問題與生活世界聯繫起來。人權概念是一個聯結點。在他看來，以國家的人權現狀，實際上並未進入歐洲，儘管科學生產使生活資料不斷膨脹，人們仍將成為「破壞性力量手下的羔羊」。人權是什麼？他認為，除了人身安全、工作等合理的現實需求之外，還應當包含向世界開放的能力。因此，他所有關於當代危機的反思，都着眼於如何通過開放世界——不僅僅是經濟開放——的方法來重塑人類存在。臨終時，這位哲學家寫道，我們最需要的東西源於自身的倫理，但它決非是由外在環境強加的道德。他指出，我們行動的動機不再是由於恐懼，或是出於對物質生活的追求，而是對人的尊重，對普世價值的認同。人在任何時候都應當活得有尊嚴，敢講話，不膽怯，不退卻，即使遭

到鎮壓。帕托什卡反覆強調説，歐洲誕生於「靈魂的憂慮」；但他同時慨歎，歐洲文化正由於長期被掩蓋在遺忘中而逐漸消亡。

畢波（István Bibó）與米沃什同年，而命運與帕托什卡頗相似。在 1956 年革命——我們稱為「匈牙利事件」——中被任命為新政府的部長，遭到鎮壓後，被判死刑，後改為終身監禁。在牢獄中生活了六年之後，因官方大赦政治犯獲釋，在孤獨中度過餘年，於 1979 年 5 月去世。

由於長期受迫害，畢波只留下一部名為《關於東歐小國的苦難》（*The Poverty of Eastern European Small States*）的著作。他所指出的苦難，是一種民族主義的或集體性的，他稱為「政治歇斯底里症」的災難性的苦難。他認為，各種形式的暴力，包括國家強制，總是植根於恐懼。恐懼，就是群體的每個成員都感覺到問題解決的方案超出了自身的能力，從而放棄抗爭，不再追求。他説，「在扭曲的恐懼的環境中，人們無法享受到民主的好處」，所以，「成為民主主義者，就意味着從恐懼中解脱出來。」他特別指出，集體歇斯底里症常常潛伏在好幾代人身上，除了主要症狀之外，還有併發症。由於整個社會群體都在用一些不可思議的理由來掩蓋恐懼，結果是逃避現實，放棄責任的承擔與追究。

作者在書中最後提到匈牙利兩所以畢波的名字命名的高中學校，説牆上張貼着他寫的《熱愛自由者十誡》，其中

第五條是：「永遠不要忘記，人類的自由與尊嚴是唯一的，且不可分割的。」對所有活着的人來説，這首先是責任，然後才是命運。

2012 年 8 月

夜讀抄
——《論小丑》

「帶罪的玫瑰」：有爭議的女性

　　《論小丑》（*On Clowns: The Dictator and the Artist*）是羅馬尼亞作家諾曼・馬內阿（Norman Manea）的一部隨筆集，帶評論性質，中譯本由吉林出版集團近日（2008）出版。同時出版的還有作者的另兩部著作：長篇小說《黑信封》（*The Black Envelope*）及回憶錄《流氓的歸來》（*The Hooligan's Return*）。以文集的形式把這位流亡作家介紹到中國來，在印象中還是第一次。

馬內阿於 1936 年出生，1941 年納粹執政期間，隨同全家一起被遣送到烏克蘭的一個集中營，二戰結束時返回羅馬尼亞。中學畢業後，入讀布加勒斯特的建築學院，在校一直贏得共產主義青少年積極分子和最優等生的榮譽。1966年開始發表作品，1974 年棄工從文。1986 年離開羅馬尼亞，在西柏林獲得一筆文學基金，居留一年多後轉往華盛頓，從此在美國定居，並繼續從事寫作。

　　大抵因為經歷過三種不同社會類型的生活，所以，他對環境的省思能力要比那些身受禁錮卻自以為安穩幸福者要深刻許多。他的作品，從納粹時代的集中營、大屠殺，到羅馬尼亞極權社會以至現代西方社會生活的敘說，始終保持着作為一個倖存者和流亡者的懷疑、批判的精神。

　　《論小丑》共收文五篇，書前有作者補記，説明這些文字都是到了西方以後，對羅馬尼亞舊日統治下的生活的憶述與思考，其中主要討論極權主義的本質特點，知識分子作家與極權主義意識形態及極權社會之間的關係，當然還有知識分子自身的問題。作者的思考，全然從實際經驗出發，比如「極權社會」，就沒有照抄像阿倫特一類政治學者的結論，而是源自個人的觀察和感受。在書中，作者的自由感特別的鮮明、熱烈、持久，貫穿了思考的整個過程。他自述被奴役的日常生活中所承受的苦痛，被迫修改自己作品時的屈辱與

憤懣，在安全部門掌控之下的內心恐懼，所有這些，在學者的著作中是沒有的，在許多自詡為作家者的著作中也都沒有。這些文字，是時代的忠實記錄，歷史的莊嚴證詞，體現了一個知識分子的偉大的良知。閱讀它，不但可以接受常識教育，而且可以接受道德教育，情感教育，美的教育。一切自由的、誠實的文字，都可以視為一種美，本原的美，無法比擬的美。

極權社會

阿倫特在論及執政的極權主義的時候，指出「這種制度僅從反面意義上是『極權的』，即執政黨不會容忍其他政黨、反對派和自由政治觀點」。她總結說，極權主義統治有兩種正式形式，就是納粹主義和斯大林主義。馬內阿認為，他曾經生活過的國家羅馬尼亞存在着一個「新的民族主義—社會主義政權」，是納粹主義和斯大林主義的綜合體，外加一種迎合西方口味的時髦的話語形式。他曾經指出，在其間進行區別是沒有什麼必要的，即是說同大於異。同的是一致的領袖原則、國家主義、意識形態至上；同的是警察奴役和全面統治；同的是強制性、秘密性和欺騙性。至於異，在馬內阿看來，羅馬尼亞的極權社會與時俱進，無非更帶現代性的油彩而已。

他在書中描述道：「生活裏充滿了拖延，懷疑和恐懼像腫瘤一樣瘋長，精神分裂症全面爆發。隨着時間不斷被國家佔用以致最終被徹底剝奪，私人生活被一步步地縮減直至最後消失」；「到處都可以看到那個被稱為權力的惡魔在陰險地不斷擴張。在家裏，在思想裏，在婚床上，到處是黑暗的權力。在這個黑洞裏，是惡魔般的殘暴和根深柢固的愚昧。」

極權社會使個人原子化，社會對話的渠道堵塞了，整個社會缺少公開的討論（不爭論），國家為「簡單的煽動性標語」所操縱；冷漠和虛偽導致最常見的後果，便是妥協和串通。馬內阿指出，當人們對諸如社會公正等重大原則喪失信心時，社會機制必然恢復古老的「自然」的方法運作：官官相護、貪污腐敗、陰謀詭計、謠言惑眾、濫用職權、裙帶關係，等等，社會道德風氣的敗壞是災難性的。

「古板沉悶的獨裁政權。在它表面的硬殼下，裏面空空如也。當權者的話語策略就是通過不斷濫用某些嚴肅的原則來獲取利益。」馬內阿問道，「在這樣荒唐的世界裏，人們怎麼可能『反抗』？任何追求真實、重視真理的努力最終怎麼能不成為操縱和傷害的犧牲品？」

上世紀 80 年代，羅馬尼亞曾經推行過「新民主」，政府讓一些「敢講話」的精英批評施政，使政府機構看上去更為民主，但是與此同時，又肆意打擊誠實正直的知識分子，

控制和鎮壓的機制進一步加強。作為一種政治現象，這是自相矛盾的。馬內阿寫道：

> 新一代的統治機關工作人員已經形成氣候，這些年輕的大學生有的擁有博士文憑，有的還曾留學海外。黨成功地用這些特權階級的「精英分子」「替代」了那些真正的知識分子（他們愈來愈孤立，身心疲乏，甚至受到恐嚇）。

這樣一種「替代」的方式，多少策略性地彌補了固有的政治體制的脆弱性而使政權得以繼續維持。對此，馬內阿直斥為欺騙，指出：

> 不論是在黨這一層面還是群眾這一層面，欺騙已經成為蔓延全國的疾病，人們通過它得以生存。

馬內阿在書中揭露極權政府的兩面性：

> 在相對寬鬆的時期，政府似乎明白了，呼吸一點新鮮空氣不至於導致政權垮台，而會為社會的新陳代謝提供一個短暫的調節期，但是，一旦遊戲規則被打破，官方會迅速做出反應，急匆匆地要挽回面子，表現出愚蠢可笑的恐慌。

這樣的體制是不可能維持長久的。事實上，「這個體制在緩慢的侵蝕下漸漸地被削弱，直到有一天各種因素彙集在一起

幸運地促成了它的垮台。」政權的垮台並非意味着問題的終結，馬內阿的深刻性，在於進一步指出，「痛苦可能還要持續很久，因為這個體制遺留下來的東西仍然存在。」

1989 年 12 月，羅共總書記、總統，集黨政軍大權於一身的壽西斯古被送上了歷史的絞刑架。從此，羅馬尼亞進入了改革的進程，開始經歷混亂而艱難的社會轉型。「很多東西都沒有改變，但是也有很多變化是有目共睹的」。馬內阿注意到，作為極權國家的一個標誌性機構——安全局的蹤跡在這個國家仍然無處不在，就是說，禁錮仍然未能完全解除，舊體制的影響在繼續起作用，命運還沒有最後回到人民手中，「很多人一如既往，仍然生活在負疚、恐懼和仇恨之中」。

馬內阿提醒道，不要過快地忘記極權統治下那些混亂的「地下勢力走廊」。他說：「在那些黑暗的角落裏，約束力或勢力無處不在，甚至是在自由這個複雜而微妙的世界裏。」對於一個曾經「擁有 400 萬執政黨黨員（投機分子）和龐大告發網絡（每一個機構甚至每一幢居民樓）的國家」，即使到了所謂的「後極權時代」，他認為要進行民主改革仍然是困難的。他看到其中有一個十分重要的因素，就是「更為隱蔽的武器已經深深地侵入了整個社會的思想意識中，從而有着更為長久的效力」。他說：「在通往民主和自由的曲折道路上，要解決眾多行政、經濟和物質問題固然很難，但

要從當權者強加於人的那些如迷宮般漫長而複雜的墮落過程中解脫出來則是難上加難。」

獨裁者，偉大的小丑

馬內阿把威赫一時的領袖壽西斯古稱為「獨裁者」、「可笑的民族惡魔」、「幻想成癖的英雄」、「喜劇演員」、「偉大的小丑」、「真正的瘋子」。書中多處提到這位主宰羅馬尼亞的人，每當提到他，馬內阿都不禁發出強烈的詛咒和嘲諷。

他這樣寫到壽西斯古：

> 他的漫畫在這個國家的每一面牆上笑着，這是一個曾經充滿希望的國家，生命的希望，不論是好是壞，總算還有生命：青春的光彩、衰落的悲傷、愛情的陶醉、叛逆的夢想，還有痛苦的失望。變好還是變壞？也許這個國家從來沒有自由，但它是在這個惡魔出現之後才變成地獄的，在他導演的狂歡節中，人們美化着未來，慶祝着死亡。他渺小而蒼白，這個小丑，這個渺小的白老鼠，瘟疫的傳播者：一無是處的死人骷髏。

阿倫特早就描述過極權政治的這種獨特的現象：領袖在黨之上，黨在國家之上。壽西斯古高高在上，發號施令，

呼風喚雨，他的地位和能量其實是極權主義體制所賦予的。因此，反對所謂的「個人崇拜」，不能不導致對所由產生的整體的政治機制的批判。

在書中，壽西斯古是絕對權威。他無處不在。作者寫道：「孩子們中間有獨裁者，專制的幼兒園老師中有獨裁者，已婚的夫妻和未婚的情侶、父母、祖父母、同事和僱工中都有獨裁者。最顯而易見的是，他坐在高高的寶座上，操縱着整個國家、整個世界。」蘇共二十大之後，無論在蘇聯黨內還是國際共運中，斯大林的個人專制方式被置換為「集體領導」。但是無論如何的強調「集體」，到頭來仍然突出領袖個人或領導核心。這是為制度本身的絕對性所決定的。所以，壽西斯古的權力意志可以決定一切。作者奧威爾（George Orwell）式[1]地描述説：

> 他的偏執愈發囂張：通過制定勞動法，工人被禁錮在他們的崗位上，絕對服從監管；通過制定家庭法，人們無法離婚，無法墮胎，未婚的情侶受到歧視；通過制定學校法規，孩子們成為政治化和軍事化的對象。在他向飢餓的聽眾發表的長篇大論中，我們看到了馬戲團的未來，這個未來是快樂的奴隸在嚴

1　奧威爾式是以英國左翼作家、社會評論家喬治・奧威爾所描述的破壞自由開放社會的社會福祉的做法。

屬的幼兒園老師揮舞的皮鞭下建成的。小丑在他的馬戲團裏只保留了被催眠的侏儒，他們的任務是為他喝彩，還有一些肌肉發達的巨人，他們組成了他的國家安全系統。

漸漸地，我們的這個小丑把整個國家變成了一個大幼兒園，幼兒園裏的孩子個個經過軍事訓練，人人勤勞肯幹，但他根本容不得他自己的「孩子」或「子民」。如果他們服從，他唾棄他們，把他們痛打一頓；如果他們有所行動，他割下他們的一隻耳朵；如果他們反叛，他把他們的嘴巴封住；如果他們病了，他給他們棺材和料理後事的鈔票。「秩序加紀律」是他那些無名的臣民唯一能夠擁有的美德。他和出生卑微的人們交流，他這個「人民最親愛、最可敬、最革命的兒子」原本也是他們中的一員，但現在人民只能通過他的保鏢和他交流。任何膽敢攔住他那豪華轎車請願的人無一例外會立刻消失，再也不會出現……

馬內阿曾經具體地寫到壽西斯古的一次意外的出行，他的護衛隊如何緊張地行動，他的下屬如何敏捷地迎合他，如何興奮地漲紅着臉，狂亂地四處跑動，跌跌絆絆，結結巴巴，還有擠滿了四周陽台的觀眾，他們習慣地鼓掌，「彷彿是睡夢中的條件反射，這種無意識的反應已經在幼兒園老師

嚴厲的鞭打下進入了他們的血液」。最妙的是對齊奧塞庫本人的描寫：「在一群慌亂的人中，他看上去像是其中唯一正常的人，唯一一個戴着正常面具的人」。跟着，馬內阿總結道：「專家們近乎歇斯底里的溜鬚拍馬和小丑略帶疲倦的平靜表現形成了可悲而可怕的對比。」

> 獨裁者和被壓迫者是不是真的在各個方面水火不容，或者他們之間其實存在着一種無意識的相互促進？勞動營和極權統治是否只在一個社會被扭曲，被窒息之後才會出現？獨裁者僅僅是人民的敵人，或者也是他們創造的產物？

作者向我們提出了一個饒有意味的問題。

審查制度

報刊及圖書審查制度，在極權國家裏是必不可少的。

馬內阿在《羅馬尼亞》文內加了一條腳註：

> 20 世紀 70 年代末期，羅馬尼亞的審查機構解體。但是，審查制度並沒有終止，而是分散到期刊編輯的手中。到 80 年代中期，社會主義文化和教育委員會內重新設立了一個中央審查機構，其任務是監督編輯們的工作並給他們提供建議。這比原來的控制更

為嚴格，現在存在的是雙重審查——作家的自我審查，他們要為自己的決定負責，還有管制委員會的審查，他們對作家進行檢查。

審查機構所以一度取消，是因為審查工作本身是敵視人類思想的最原始、最野蠻的行徑，相關機構的存在，可以讓當權者反自由、反民主、反人權的本來面目暴露無遺；可是，審查制度始終不被廢止，則因為通過審查，當權者才能獲得一種安全感。極權國家首先是意識形態國家，意識形態的特點，就是要維持它的唯一性和神聖性，使之免受褻瀆和破壞。

馬內阿以自己的一部小說的出版為例，見證了羅馬尼亞審查制度的荒謬與罪惡，以及作為一個有良知的作家和審查者艱難鬥爭的過程。

作者回憶說，「70 年代末，一紙總統法令廢除了新聞出版署（審查機關），這是少數幾個辦事效率較高的機構之一。黨深信，在三十多年的極權統治之後，自我審查和相互監督可以成功地取代專職人員。」結果呢？「人們對真理的渴望是如此強烈，人們的應變手段愈發普遍而複雜，讓當權者不安的出版物數量在持續增長。」這樣，「自我審查制度已經無法滿足黨的期望」，「補救措施很快應運而生了。」所謂「補救」，就是使審查制度通過眾多「中介」措施得到加強，以更新更具欺騙性的手段對出版物進行「清理」。作者總結道：

「在當時極端恐怖的情況下，很少有出版社不顧審查制度的高壓出版好書，尤其是讓當權者不安的好書。」他說他的出版人就是這少數人中的一個，好書所以能夠出版，就是因為有了這極少數的編輯在堅持着進行無望的思想抵制。

但是，比較起龐大而有效率的審查制度，優秀的編輯太少了！

馬內阿寫道：

> 審查制度──文字的秘密警察，在過去的四十多年裏是最可怕的權力武器之一。人們覺得審查者不過是一些頭腦狹隘的官僚，在很多情況下，事實確實如此。但是我們「多邊發展」的社會主義國家改良了這個權力機構，不斷讓那些受過高等教育的充滿智慧、思想犀利的人加入到這個行業中來。這個機構採用的辦法也不斷改良，隨着時間的推移變得更加「複雜」，更加「微妙」。簡而言之，變得更加陰險詭秘。

審查制度是作為「警察國家」[2] 的整部國家機器運作的一部分，其實，就全社會來說，「密碼式溝通方式」──要暗示而不是明確表達──成了一種流行的方式，是任何個人

---

2 警察國家指政府自稱為人民的監護者及擁有法定權力，但在缺乏法律程序的前提下以行政力量控制人民及違反人民意願，指導人民如何生活的社會。

或團體交流中必不可少的工具。「被二十四小時監督下，整個社會被分裂成虛偽的服從和虛偽的反抗。」馬內阿寫道，「多年來，我已經非常了解那些從事『文化』工作的黨的幹部，他們一方面表現出愚蠢的膽怯，另一方面又極其殘暴。」

在嚴密的文網之下，作家別無選擇：要麼繼續作頑強的鬥爭，儘量少讓步但要通過必要的妥協讓書得以出版，要麼乾脆放棄。

馬內阿的經驗是：「欺騙是解決問題的途徑」。他如此概括所有富有良知的寫作者的精神狀態：

> 在極權統治下寫作的作家常常在作品中使用詐術、典故、暗碼或粗糙的藝術形象，痛苦而隱晦地和讀者進行溝通，同時他們又希望能躲開審查者。受到約束的作家不可避免地要借助於欺騙，而這又讓他們感到刻骨銘心的痛苦。

知識分子

馬內阿關於知識分子的論述，集中表現在〈幸運的罪〉（Happy Guilt）一文中，即伊利亞德個案。

米爾恰・伊利亞德（Mircea Eliade），著名的宗教史專家，也是知名作家。他曾經是意大利法西斯頭子墨索里尼（Benito Mussolini）和羅馬尼亞極右民族運動「鐵衛團」的

領導人科德里亞努（Corneliu Zelea Codreanu）的狂熱支持者，是法西斯主義宣傳家艾奈斯庫的忠實追隨者，而他本人也是鐵衛團的「陸軍上尉」。1940 年，伊利亞德作為羅馬尼亞外交官先後被派往倫敦和里斯本，戰後到巴黎，任教於有名的巴黎高師；1956 年前往美國，成為芝加哥大學教授。

書中引述伊利亞德的部分言論，剖析他的反西方民主觀念，極端民族主義和國家主義思想；馬內阿認為，如果伊利亞德能夠反思，重新評價法西斯哲學和制度，無疑有着重大的啟發意義。沒有人比他更有資格解釋：為什麼那麼多他同時代的傑出知識分子會捲入一場罪惡的運動？一個資深學者怎麼會演變成一個極端主義思想家？他的評論肯定有助於人們理解包括後來發生在社會主義羅馬尼亞的知識分子問題。可是，伊利亞德至死也在回避他早期鼓吹法西斯主義的思想和行為；他閃爍其詞，避免直接衝突和公開辯論，甚至被指責為「納粹」或「反猶太分子」時，竟也保持沉默。馬內阿問道：「為什麼不能公開拋棄自己過去的信仰，揭發惡行，揭露神秘的制度，並且承擔罪責？」他接着說，「要想遠離過去的錯誤，首先要敢於承認錯誤。歸根結底，極權主義最致命的敵人不就是誠實嗎？只有良知（能夠在令人難堪的問題面前進行自我批評和檢查），才能讓一個人遠離腐敗的勢力，遠離極權主義意識形態。」他舉例說，蘇聯持不同政見者，著名核物理學家薩哈羅夫（Andrei Sakharov，也譯

沙卡洛夫）便坦白地承認，青年時代曾經崇拜過斯大林。這是本質上的誠實。惟有依靠這誠實，才能深刻地了解一個極權制度的本質並對它進行不懈的批判。當然，薩哈羅夫為此付出了極大的代價，受盡折磨。對於這位偉大的科學家和人道主義者，馬內阿高度評價說：他是我們光輝的榜樣，鼓舞着我們這個痛苦年代裏的所有知識分子。

伊利亞德為什麼不懺悔？馬內阿並沒有提出類似的強迫性的問題。但無論是曾經犯下罪行的人，或是受害者，因為無法誠實面對極權主義悲劇，都只能讓他感到失望：「人們總是喜歡談論他們無辜的痛苦，卻不敢直面自己對這些苦難應該承擔的責任。」跟阿倫特說「平庸的惡」一樣，在這裏，馬內阿突出地揭示了一個受害人的「責任」問題。

書中還有一個官方詩人保恩內斯庫的個案。

保恩內斯庫主編《火焰》雜誌，一直利用火焰俱樂部給自己積累政治資本。有一次，俱樂部組織人們朗誦獻給領袖的頌歌，在表演中途，數千名歇斯底里的少年人突然逃離觀眾席，留下一地狼藉的酒瓶、胸罩、短褲和避孕套。保恩內斯庫為此被撤職，並離開了黨組織。這時，他給壽西斯古寫了一封信，極盡諂媚之能事，還承諾說，只要活着，將用最後的力量向領袖跪拜云云。馬內阿引用了信件全文，評論說：

> 這封信不僅象徵着一個時代，同時也代表了一種職業，妄自菲薄的職業：人們自覺自願地從事這樣的

職業（不像斯大林時代是被迫的），並且用不同的方式以極大的熱情投入進去。不論他們是否熟練，他們始終狡猾無恥地做着這件事情，而且總是有利可圖。在這個荒唐的鬧劇裏，演員們用靈魂換取小小的獎賞。但這些不能見光的計謀總是危險的，甚至是致命的。這些職業演員們富有創造性的領悟力和整個被壓迫得麻木不仁的民族形成了鮮明對比。

從伊利亞德到保恩內斯庫，從鐵衛團（Iron Guard）時期到共產黨時期，馬內阿在尋找一個羅馬尼亞知識分子譜系。在很大程度上，他對自己國家的同行持不信任態度。在特定的民族歷史，國家體系和民族性格的框架內，他強調的是對「強權」的反抗，也即對自由和民主的渴望；他對知識分子的良知、獨立性和批判性有太多的期待。

馬內阿多次提到「身份危機」。「幽靈」依舊存在。在結束壽西斯古的獨裁統治後，知識分子的狀況如何呢？他說：

> 在過去的半個世紀裏，那些站在「錯誤」立場——極權主義立場的知識分子不在少數。即使是現在，當東歐處於向文明社會轉型的過程中，仍然有不少聲音在呼籲建立「正確教義」和「鐵的紀律」，強調建立強大政權，樹立神化的權威，等等。暴君小丑的幽靈再一次尋找着他的支持者們，時時糾纏着他的那些老僕人——那些隨時為他荒唐的神性歡呼的凡夫俗子。

他引用羅馬尼亞持不同政見者佩特里斯庫的話：

> 如果某一天，人們開始討論羅馬尼亞知識分子和當今絕對算不上左傾的政權之間進行勾結的事實，我們就有希望了！

接着用文學家的語言寫道：

> 現在這齣戲上演了，而且更加光怪陸離。每個人都在叫喊着自己的清白、自己的痛苦。最響的聲音來自那些過去為獨裁統治效力的「知識分子」……民主進程中的問題讓我們想到了這個國家複雜的歷史，身份危機和對某種思想的輕易認同再一次共同延續了後極權統治的僵局。」他對反對神化權威的鬥爭的艱難深有感觸，接着說：「多麼糟糕的一齣戲！在新機會主義的潮流裏，……雖然有那麼多的人曾經滿腔熱情地在其中扮演了角色並且從中獲得了利益，現在卻似乎沒有一個人承認和那場悲劇有任何關係。

對於一個有過極權統治歷史，經受過沉重的政治災難的國家，無論如何設法切斷記憶，清洗、扭曲、掩蓋，只要害怕清算，馬內阿提醒說：那結局，都只能為新的極端主義災難提供土壤！

作家與文學

在極權社會裏，文化藝術，包括文學是政治體系的一部分，它不但被嚴加掌控，而且是被國家意識形態的毒汁所滲透了的。馬內阿指出：

> 在任何一個把文化作為武器的政治體系裏（給予藝術家過高的榮譽或過重的處罰），作家會長期遭遇一些陷阱，這些陷阱會損害並逐漸毀滅他的正義感，最終喪失其個性。他必須學會保護自己，特別是要保護自己不陷入那些精神陷阱，不受到那些簡單化觀點的侵蝕，它們並不僅僅存在於極權制度裏，而是無處不在。

作家要使自己不至於深陷其中，就必須具備「真正意義上的民主自由精神」，因為只有這種精神，才可能從根本上反對極權主義。對於有作家同行大談藝術性是唯一合法的文學標準，馬內阿稱之為「自作聰明的陰險論點」，明確表示說：

> 我不同意他的文學與政治無關的觀點，我告訴他，恰恰相反，這種無視日常生活中種種迫切需要解決的問題而進行「藝術性」退避的態度，正是當代羅馬尼亞文學為何不能產生大量傑出作品的原因。

極權社會將文學制度化、一體化，除了將作家協會衙門化，統一管理和馴化作家，以及由官方建立評獎制度，刺

激作家追求榮譽和依賴宣傳之外，一項致命的管理制度就是書報審查。這項制度迫使作家向「文字警察」屈服，或者投入「迎合審查者的鬥爭」。馬內阿以個人經驗表明：面臨同樣的困境是，如果不是下定決心通過欺騙手段，或者通過私人關係，什麼事也做不成，沒有一本具有獨立品格的著作可以通過警戒線而出版；即使十分幸運地得以出版，也只能是「『替代品』的版本」。馬內阿就管自己已經出版的書叫「一個難產之後意外誕生的嬰兒」、「我的殘疾的兒子」。

在政治文化專制的管治之下，作家「被制度同化」的危險是顯而易見的。馬內阿說，「所有『真正的文學』都悄然躺在安全局的保險櫃裏」，就並非誇大其辭。他要強調的是，只要仍然沿襲這樣的政治體制，這種狀況就不會有根本性的改變。

馬內阿說：

> 那些誠實者和反抗者就如長期被壓抑的休眠火山。在這樣一個執迷於藝術遠離道德約束的文化裏，在被妥協和陰謀摧毀的羅馬尼亞，書籍和人民都沒有發言的權利，一個真正的作家最終不會容忍強加在他身上的平庸和膽怯。他應該有何作為呢？

馬內阿接著指出，機會主義的適應能力，實用主義態度，還有盲目的服從，在一個極權社會裏已經存在了很長時間，大大削弱了反抗的力量和創造的能量。本來，美更多是以個體

形式而不是以集體形式存在的，可是最富於個性的思想卻不能見容於世；善是以一種安靜而謙遜的方式來表現的，卻在努力躲避着惡的喧鬧和侵略；真理以殘缺含糊的形式存在着，不得不在隱蔽的符號中尋找自己的避難所。就是說，政治文化生態環境使真、善、美的事物產生了畸變。作為極端社會裏的極端因子，作家已經成為整個社會所面臨絕境的一種象徵。馬內阿指出，文學的唯一出路，就是由作為作家這樣的倖存者拿出直面「大野獸」的勇氣，即使無法馴服它也要敢於直面它。「大野獸」是法國思想家薇依（Simone Veil）對專制社會的比喻，在這裏，馬內阿說的是，作家必須首先能夠介入政治、挑戰極權，爭取自由的價值和權利！

馬內阿在一次訪談中說：

> 成為作家，把自己的名字印在書的封面上就意味着要與人民站在一起，但是，在文學裏，被轉換成文字往往是個人的痛苦和希望。

這是存在於藝術家作品之中的明顯矛盾的雙重條件，表明文學價值和公民的良心可以在同一個作家身上並存。他說：「一個真正的作家應該永遠是一個超敏感的傳感器，一個靈敏的警告信號。所以，很多時候，即使是最孤獨的作家也不得不克服心中的疑慮，去冒文字的風險」；「任何希望不辱使命的作家，都應該跨越個體表達和公眾需要之間的鴻溝」。

但是，權力、聲名和物質利益的誘惑是巨大的，許多作家的變節——對文學的背叛並非完全來自政權的壓力。當然，在廣延的意義上說，這些作家仍然是依附現存體制而生存的人。馬內阿在書中也曾描述過這樣的人物，說：

> 很多年以來，一些「同事」（我們還能怎麼稱呼他們呢？），特別是那些得到各種新聞媒體推崇的人，那些名利雙收的作家，一直在痛苦、憤怒地抱怨着。最後，他們讓人們相信，作家不過是一群無用、不道德、愚蠢庸俗而且混亂無知的人，他們總在搬弄是非、欺騙他人。

他不能不把他心目中的作家同他們斷然分開，說：

> 真正的作家——不斷受傷又不斷張開翅膀飛向藝術最高峰的信天翁——絕不屬他們的行列。

但是，在文學界，紅紅綠綠的蒼蠅漫空飛舞，而信天翁卻難見蹤跡，怎麼可能期待「真正的文學」出現呢？

馬內阿沒有給出如「垃圾」一樣的比喻，不過可以看出，對於極權制度及其影響下的文學，他是持基本否定的態度的。他引用一個作家朋友的信說：

> 我們過去四十年裏寫的那些文學作品，有多少能留傳於世？它們只是利用了歷史事實，有時甚至對事

實視而不見，這樣的文學不就是一些應景的、只有短暫價值的東西嗎？……

同時，又引用了另一個文學評論家朋友的文章說：

為了戰勝獨裁統治，它（羅馬尼亞文學）尋找着力量，在沒有了約束之後，它還能找到不讓自己枯竭的力量嗎？

他說，確實沒有人能回答這個問題，但是問題是要提出來的。

無論是極權時代，或是後極權時代，如果作家還不能成為自由主體，文學一樣是沒有希望的。馬內阿指出，和暴君及其影子作鬥爭，即使通過文學的方式也要付出代價的，甚至是不小的代價。好在他對人類的未來，包括文學創造者，並沒有完全喪失信心，說是「不管困難有多大，人類總是執着於對自由的追求」。他在《審查者報告》一篇的最後說：

在汲取暴君的教訓之後，我們開始汲取自由的教訓。通過我們傷痕累累的命運，我們再一次認識到自由的價值，雖然自由的聲音是多麼微弱，通向自由的道路是多麼曲折。

也許，尤其是那個時候……

2008 年 4 月 20 日 午夜

薩米亞特

—— 蘇聯東歐的地下出版物

地下出版是專制制度的產物

地下出版物產生於專制制度，這是無庸置疑的；但是，一個地道的專制國度未必一定就有地下出版物。比如納粹德國，一面焚書，一面迫害猶太作家，對人類文化的摧殘不可謂不暴虐，但是，由於統治時間太短，而且整個國家一直處於戰爭的動盪之中，地下出版物未及出現。看來，地下出版也跟「地上」一樣，需要一定的社會穩定性。

考究出版史，19 世紀末歐洲的出版壟斷及審查制度已經基本終結。到了 20 世紀二三十年代，不料又有一批地下

出版物，在蘇聯的政治高壓下湧現而出。這批出版物最早以手抄本、打字稿和油印稿的形式，在知識分子的小範圍內流傳，後來由莫斯科、列寧格勒（編按：即現在的聖彼得堡）擴展到其他一些省城，具有廣泛而有組織的活動的特徵，並因此獲得一個叫作「薩米亞特」的名稱。薩米亞特，俄語的意思是「自發性刊物」。50年代中期，「解凍文學」[1]出現，60年代形勢嚴重倒退，開始鎮壓知識分子。1965年，蘇聯兩位年輕作家西尼亞夫斯基（Andrei Sinyavsky）和尤里·達尼爾因（Yuli Daniel）在西方發表小說而被捕，次年被送進勞改營，引發國內外的抗議。這一年，私人出版物明顯多了起來，「薩米亞特」活動變得特別高漲，後來的許多持不同政見者，都曾出現在這宗事件的抗議活動中。由此可見，薩米亞特表面上是一種文化現象，其實自始至終都同現實政治緊密聯繫在一起。

也許是出於蘇聯持不同政見者運動及薩米亞特的影響，也許是固有的體制的產物，至70年代，波蘭、捷克、匈牙利等東歐國家也出現了一批地下出版物，這樣，薩米亞特一詞隨之進入這些蘇聯的「衛星國」，而且為西方所採用，成為一個世界性的文化用語了。

---

1 解凍文學是蘇聯的文學流派。1953年斯大林逝世後，蘇聯曾出現一批真實反映現實生活的作家作品。

薩米亞特在蘇聯

在蘇聯，薩米亞特開始僅限於文學作品，詩和小說最常見，後來從多少帶點曖昧性的形式，逐漸變得暴露起來，涉及政治、宗教、思想領域，「顛覆性」愈加明顯。以兩位諾貝爾文學獎獲獎者為例，帕斯捷爾納克的著名小說《齊瓦哥醫生》在西方有多種譯本而在國內被嚴禁出版，薩米亞特即根據從國外偷運入境的原文版進行翻印；索爾仁尼琴除了頭一個中篇《伊凡·傑尼索維奇的一天》(*One Day in the Life of Ivan Denisovich*) 因為赫魯曉夫（Nikita Khrushchev）格外開恩而得到公開出版外，所有著作都由薩米亞特有計劃地翻印。薩米亞特發表了不少叛逆詩人的作品，包括 33 歲死於勞改營的加蘭斯科夫的詩集和通信集；曼德爾施塔姆夫人（Nadezhda Mandelstam）的回憶錄《一線希望》(*Hope Against Hope*) 最先也是出現在這上面，然後流出國外而獲得巨大的聲譽的。

薩米亞特還致力於報導國內的政治事件，揭露黑暗的社會現實，比如關於精神病院、勞改營、克格勃（編按：即蘇聯國家安全委員會）、政治審判、書報審查、民族自治問題、人權問題等等。六七十年代，蘇聯持不同政見者以群體的形式登上舞台，薩米亞特成了他們的忠實而有力的夥伴。它定期出版「時事編年史」，提供相關的報導、評論、文件和摘要，這些內容一度成為國際社會了解蘇聯國內政治鬥爭

情況的唯一的消息來源。此外，發表著名科學家、人權委員會創始人及諾貝爾和平獎獲獎者薩哈羅夫的談話、聲明和著作，披露其他持不同政見者被迫害的消息；同時，還把西方傳媒中有關索爾仁尼琴等一批流亡者的最新政見公諸於世，打破蘇聯當局的新聞封鎖。正是由於有了薩米亞特的源源不斷的資料，《蘇聯人權編年史》才得以在美國定期出版。

所有這些地下出版物，都叫薩米亞特。許多最初由薩米亞特秘密送往國外的作品，後來又作為「違禁品」運回國內，在地下翻印傳播，形成一種近於「洄流」的現象。作為一個意識形態專政的國家，蘇聯當局當然不可能容忍這種地下出版活動，對此，克格勃採取大規模的鎮壓行動。在嚴厲的打擊下，薩米亞特的活動在 1975 年以後便漸趨式微了。

薩米亞特在東歐

此時，東歐國家的地下出版物幾乎同時出現並迅速活躍起來。不同國家的作者互相影響，互相支持，常常在重大的政治問題上發生共振，彷彿存在着一個「薩米亞特共同體」。當捷克的《七七憲章》剛剛出現，東歐國家的知識分子即刻表示支持；當「七七憲章派」遭到政府當局的拘捕和審訊時，他們又隨即發起簽名抗議，這其中許多都是薩米亞特的作者。

比較蘇聯，東歐國家的薩米亞特有一個多出的部分，就是反對蘇聯的殖民主義。當然，這部分內容與反抗原有的政治體制及意識形態不是沒有關聯的。從目前的介紹看，東歐私下出版的大型文學作品似不多見，主要是政治評論和思想隨筆。哈維爾和米奇尼克（Adam Michnik）是最好的例子，他們的文章後來有中譯本出版，當然也是薩米亞特。迄今為止，中國介紹東歐薩米亞特的公開出版物，只有廣州花城出版社出版的一種隨筆集：《地下》。

　　在《地下》中可以看到，這些薩米亞特作者反對複製蘇聯類型的制度，南斯拉夫作家契斯（Danilo Kiš）公然表示說：「在社會主義制度下，文化與文學的統一比在奧匈帝國君主政體下更加破碎。」在這一制度下，自由和民主的狀況是他們最為關注，也是最感憂慮和憤慨的。匈牙利著名作家康拉德（György Konrád）有一篇文章叫《民主的哲學》，談到經濟民主與政治民主的關係，其中有一段話極富於啟發的意義，他說：「政治民主與經濟民主不是齊頭並進的；在任何既定社會裏，可能一方正在進步而另一方卻在趨於倒退。」在國家經濟作出相當程度的改革開放而在政治方面仍然堅持封閉保守的時候，這種反差尤其明顯。一個缺乏民主的社會，政治權力對法律的干預是必然發生的，所謂「法治」，只能說是一個空殼。克里瑪（Ivan Klíma）把道德和法律，信任社會與法治社會聯繫起來考察，說：

當一個犯罪的政權瓦解了法律的準則，當罪行受到鼓勵，當一些高踞於法律之上的人企圖剝奪他人的尊嚴和基本權利，人們的道德就會深受影響。犯罪的政權知道這一點，試圖通過恐怖來維持合乎道德的行為，因為如果沒有合乎道德的行為，就沒有任何一個社會——甚至是這類強權統治的社會——能夠正常運行。但是事實表明，一旦人們失去了道德行為的動機，恐怖也收效甚微。

一個建立在不誠實基礎上的社會，一個將罪行看成正常行為的一部分而保持容忍的社會，即使這只是在一小部分特殊階層之間；同時，這個社會又剝奪另一些人（無論這些人多麼少）的尊嚴，甚至生存的權利，這樣的社會註定要道德敗壞，最終徹底崩潰。

捷克作家十分看重個人道德，《七七憲章》就是基於個體道德——包括責任感——之上的對政治的籲求。像這樣把個人置於國家之上的觀念意識，本來就是反東方（蘇聯）的，純歐洲的。當時，他們力求讓捷克「返回歐洲」，瓦楚里克（Ludvík Vaculík）寫道：

個人比國家更重要，國家只不過是一個人為的、可以改變的人類發明，這就是人們之所以不斷試圖對它進行改革的原因。有一次，我告訴他們中的一個人：「衡量公民自由的程度不是看國家如何對待那些

贊同它的大多數人，而是，這樣說吧，看國家如何
看待那些反對它的極少數人。」……在那些完全一致
的地方，自由是不會產生的——哪裏有不同意見，那
裏才會有自由。

事實上，人們都習慣地把國家看成是固定的，由來如此的，
看成巨大的偶像加以崇拜，於是，一種廉價的「愛國主義」
由此得以產生，而且傳染病一般在社會流行。

　　南斯拉夫流亡學者米哈耶羅夫把意識形態當作一個根
本性的問題，對蘇聯式的制度展開批判。他指出，許多「前
共產主義者」在幻想破滅後沒有把帳算在「意識形態神話」
上面，而是轉移到俄國歷史和民族性上面，這是完全荒謬
的。他引用格羅斯曼（Vasily Grossman）小說中的話說：西
方的發展是由自由的成長造成的，而俄國的發展則是由奴
隸制的成長造成的，俄國十月革命以後，奴隸制將會超越俄
國國境，把俄國發展的法則變成為全世界的法則。他還引用
伯林科夫的話說：在那樣的國度，從來不知道自由為何物，
也從來不需要什麼自由，俄國歷史的主要使命總是努力扼殺
自由。致命的是，俄國的知識分子總是協助官方而盡種種努
力。米哈耶羅夫指出：對極權的渴望，是這種意識形態的第
一推動力。由於極權政府實際上不可能控制精神世界，只好
極力摧毀一切精神生活，再用虛構的東西去填補精神世界的

空白。雖然，虛構的歷史最終不能取代真實的歷史，可是足以讓人們放棄思考，導致精神奴役。他還使用雷達里赫創造的術語說，歷史上奴隸制度限制了人的自由，而蘇聯則是歷史上第一個「積極不自由」的社會，因為在蘇聯，不僅要求人民順從，而且還要人民積極參與它所編造的謊言和虛構。在〈非意識形態的荒謬〉一文中，他特別提出警惕「非意識形態」的問題。他指出，由於東方長期經受意識形態的極權教條主義的轄制，西方受到實用物質主義的影響，所以會出現「非意識形態」的迷誤。其中，有人甚至斷言：極權主義的偽精神信仰，單靠經濟發展、消費社會的創建就可以輕易打破。許多知識分子都沒有意識到這種迷誤，他為此引以為「不幸」，慨而言之道：「缺乏一種新的、全面對抗極權主義的意識形態，是這個時代的悲哀。」

　　一個極權國家有沒有可能自動蛻變為一個民主國家呢？這是人類思想史上的一個前所未有的問題。對此，歷盡滄桑的倖存者作家克里瑪（Ivan Klíma）解讀說：

> 在我們的生活的這個世界裏，當權者的統治方式是人類史上前所未有的。他們可以控制、消滅個人和整個民族。只要這個方式存在，我們的世界就仍然會是一個恐怖的世界。

他以敏銳過人的洞察力指出：

> 一個為了自己的利益而有意決定謀殺的權力，即使
> 它後來改變了其道德品行，試圖忘記他們的過去，
> 或否認他們的過去，這個犯罪的權力過去是、將來
> 仍然是整個人類社會的一個威脅。

不同的時代有不同的問題。由於克里瑪對極權國家的
本質有着如此清醒的認識，所以在〈有權者與無權者〉這篇
文章中明確提出：與父輩僅僅關注貧窮、失業和飢餓等社會
問題不同的是，我們這代人關注的是正義問題，是權力者將
正義懸置的犯罪行為。但是，正如父輩處於經濟蕭條時感到
個人的無助一樣，我們這代人在面對極權主義國家的罪惡或
兇殘的暴政時，個人同樣會陷於無助的絕望之中。

《地下》，是東歐多個國家的作家的一部選集，相當於
一個合唱團，在多人輪唱中間，會有不同的調子，不同的聲
音，但那種如捷克作家塞梅契卡説的「捍衛自己的現實，以
抗拒由政府和意識形態支持的現實」這一基調，在薩米亞特
中則是一致的。是人的命運和世界的存在決定人的思想呢？
還是人的思想決定人的命運和世界的存在呢？米哈耶羅夫肯
定思想的決定性質，他指出薩米亞特存在的重要性，正在於
思想和思想傳播本身。

地下：寫作與出版

在極權國家裏，寫作是一種充滿禁忌和風險的事業，作家成為整個社會面臨絕境的一個象徵。蘇聯流亡學者安德烈‧西尼亞夫斯基描述說：

> 一個俄國作家如果不願意按照國家的命令去寫作，他就會處在一個地下作家所處的非常危險的噩夢般的境遇之中，面臨各種粗暴的鎮壓和懲罰的措施。

誠如索爾仁尼琴所說的：「革命者是地下工作者不足奇怪，作家竟成了地下分子，這才是咄咄怪事。」不過，應當承認，在羅網密佈、斧鉞高懸的地方，只要有「地下作家」在活動，說明文學仍然是有希望的，因為它的創作者深具人類的良知和堅持的勇氣。

當所有作家保持怯懦的緘默而不敢公開地說和寫的時候，薩米亞特作家將寫作轉入地下，是其中最不自由的一群。他們必須隨時警惕告密者、安全警察，提防抄家，把作品和將來適時發表的希望一起收藏起來。索爾仁尼琴自白說：「我只有一個希望：怎樣保住這些作品不被發現，與此同時也就保住了自己。」但是，由於他們決心與當局對抗到底而拒不公開發表，所以寫作時也就毫無顧忌，恢復了精神的本源狀態。對此，索爾仁尼琴深有體會，說：

> 地下作家一個強有力的優越性在於他的筆是自由的：
> 地下作家既不用想像書刊檢查官，也不用想像編輯
> 大人，他的面前除了材料沒有他物，除了真理，再
> 沒有什麼在他頭上迴蕩。

事實和真理在地下寫作中沒有保密性可言，這些作品，相反表現出為公開出版物所沒有的開敞性、公開性。索爾仁尼琴的經驗，在地下作家中是較為普遍的；他們都有一種風險意識，為了保持時代真實和思想自由，寧願擔受智慧的痛苦和行動的不自由。

地下寫作不能等同於地下出版。寫作可以收藏，而出版則必須流通。地下寫作，在某種意義上也未嘗不可以稱為「自由寫作」，即在自由感支配下的寫作，一種對抗性寫作。這種對抗不自由的自由，永遠存在於寫作主體的精神體驗之中。由於出版作為一種行為方式並不具備寫作的精神性，所以地下出版不能稱之為「自由出版」；至於有人稱地下出版物為「自由出版物」，實質上是針對語境的不自由，公開出版物普遍的意識形態化，而就地下出版物的自由的內在質性而言的。所以，無論在專制社會還是在民主社會裏，所謂「寫作自由」都是一個偽問題，「出版自由」才是真問題。

公開出版物的「地下性」

索爾仁尼琴根據個人經驗，説地下作家是完全按照其特徵選定作者的：他們是具備「政治上可靠而又能守口如瓶」這樣兩種品質的人。即便如此，選擇也未必可靠，而且圈子太小也限制了作品的影響力，東歐的薩米亞特作家就稱他們的出版物為「自慰」。這樣，一些在政治立場上與地下作家保持一致的作家，堅持選擇公開出版的方式，但是在作品中明顯地帶進了一種「地下性」，使它們既不同於一般公開出版物的意識形態性，也不同於地下出版物的公開的反意識形態性，它們有着半隱蔽的特殊的式樣和風格。

為使作品公開出版，就必須讓它們通過審查制度，可以説，這是一場極其嚴酷的戰爭。康拉德説，在匈牙利，書報審查過程有三個級別：第一是自我審查，用魯迅的話説，是自己先抽掉一根骨頭；下一級是文化機構的審查，包括從編輯到黨政官員的整個層面；最後還有政治警察，負責監視，並定期向上級彙報有關情況。在審查的層層關卡之前，作家不能不主動改變作品的形式和手法，其中最常見的有寓言、象徵、隱喻、反諷、荒誕、影射等等，以保護實質性的思想內容不被刪除。

説到地下寫作時，索爾仁尼琴曾經援引沙皇專制時代的老例，如普希金（Alexander Pushkin）用「隱語」寫出《葉

甫蓋尼・奧涅金》(*Eugene Onegin*) 第十章，恰達耶夫 (Pyotr Chaadayev) 長期採用「密寫」的方式寫作等。至於索爾仁尼琴本人的表達方式則是完全袒露的，忠實於他的記憶而不容有所褻瀆。但是，其他作家未必如此。就說扎米亞京 (Yevgeny Zamyatin)，這位被黨報點名為危險的顛覆分子的人，即使抨擊現實政治，也不得不常常使用諷刺；他的著名小說《我們》(*We*)，完全是寓言式的，把國家奴役設計為一個扼殺了個性和自由的集體主義城市烏托邦。雖然小說最後無法在國內出版，但是扎米亞京為此作過努力，還曾在一次作家會議上宣讀過。

有文網，就有「鑽網的法子」。在施與政治高壓的同時，也在一定程度上拓展了「地下性」的創造空間。在東歐，羅馬尼亞作家米勒、馬內阿在公開發表的作品中都帶有一定的「地下性」，馬內阿稱為「密碼式溝通方式」。在捷克作家中，從昆德拉，克里瑪直到哈維爾，他們都有各自的一套密碼話語。阿爾巴尼亞作家卡達萊 (Ismail Kadare) 在歌功頌德之餘，寫了一個小說《夢幻宮殿》(*The Palace of Dreams*)，反專制的主題異常鮮明，因為採用了荒誕的、寓言式的手法，一時蒙混過關，得以發表，不過，出版之後不久就被當局列為禁書了。

「地下性」是一把雙刃劍，一面可以破除審查制度的封殺，但是，另一方面，又不能不因作者預計審查的威力而自

行修飾、回避真實的意圖，從而損傷自由思想的完整性及其反抗的鋒芒。馬內阿承認，他的作品由於使用「密碼」，除了一些明顯描寫庸常生活的文字之外，其餘部分只有最有經驗的讀者才能看懂。他有文章專論審查制度，稱之為「文字的秘密警察」，「最可怕的權力武器之一」。他說，在極權社會裏，沒有一本具有獨立品格的書可以通過警戒線出版，即使幸運出版，也是「替代品的版本」；至於他個人的已出版的書，則被他稱作「殘疾的兒子」。一百多年前，海涅（Heinrich Heine）如此寫道：

> 那些思想的劊子手使我們成為罪犯。因為作者……經常犯殺嬰罪：作者由於懼怕審查官而變得瘋狂，殺死了自己思想的嬰兒。

作者居然與海涅說的「思想的劊子手」──書報審查官成了「殺嬰罪」的共謀，這是極其可怕的事。

　　無論薩米亞特作家表現出怎樣的智慧和勇氣，也無論他們作出了何等重要的思想和文學成就，都不能不承認，地下空間惟是專制時代的不自由的自由空間，它的存在是以人類創造力、心智和文化的慘重損失為代價的。薩米亞特的出現是一件幸事，作家至少借此拯救了自己，並因此拯救了政治高壓下的怯懦而愚昧的人群；但是又何其不幸，他們本來就該享受充沛的陽光，自由地，毫無顧忌地寫作。

「這是最後的鬥爭」，──當年的蘇聯東歐正是在《國際歌》的悲壯的旋律中建立起號稱人民的政權的，結果，思想回到了牢籠之內，在繁榮的出版物中出現了薩米亞特。正如一位薩米亞特作家所形容的，在普遍的順從之間出現了「異議者」，這種非官方的精神權威與官方的世俗權威之間的對峙，構成了這些極權國家的「真正的戲劇」。這類戲劇，可以變換不同的劇目接連上演，直至柏林牆轟然坍塌仍遲遲不肯落幕。

2010 年 6 月 20 日

書報審查與秘密閱讀

在中國，有關禁書方面的書寥寥可數；其中，專一敍述號稱「社會主義國家」的禁書者，《民主德國的秘密讀者》恐怕還是第一部。

書的名目，來源於 2007 年在萊比錫召開的「民主德國的秘密讀者」大會。所謂「民主德國」，早在十幾年前即已成為歷史，而德國人民仍然沒有忘記把那段沉痛而屈辱的記憶發掘出來，討論、研究、傳播，做別些有着同樣命運卻善於健忘的國民認為是多餘的事。在大會上，禁錮時代的見證者分別講述當年如何打破審查和封鎖進行秘密閱讀的情況，

書中的內容，即由大會發言稿整理彙編而來。這些保持緘默、被封存多年的話語，對於認識一個延續了數十年的極權體制具有重要的價值，所以有評論認為，此書是一份對民主德國社會史的貢獻。

二戰以後，德國國土被劃分為東西兩塊，即蘇軍佔領區和盟軍佔領區，及後分別建立「民主德國」和「聯邦德國」兩個國家，習慣上，我們稱作「東德」和「西德」。東德同其他一批中、東歐國家都是蘇聯的小矮人，走蘇聯的道路；西德傾向西方，實行的是美國和西歐國家的民主政制。的確，這是兩個對立的陣營；從上世紀40年代末起，一個「冷戰」時代就已經開始了。

東德是一個蘇聯式社會主義國家。它的特點是黨在國家之上，由黨治國，一黨專政。由於強制實行政治統一，因此，要求思想一致性，加強意識形態控制是勢所必至的事。書報審查制度本來是中世紀教會及君主專制制度的派生物，這筆舊制度的遺產何以為新國家所繼承，絕對的集中與統一是癥結所在。馬克思對普魯士的書報審查從來深惡痛絕，而東德的「馬克思主義者」卻奉之為「國寶」，真是一大諷刺。

東德審查體系的樞紐是隸屬文化部的「出版社與圖書貿易總局」，負責審批各項出版計劃，並向最終授權的近百家出版社下發文件。出版社每出一種新書事先都必須通過發行許可審查。這是一種經典的預審查模式，其實是一種預懲

制，把異端思想給提前處理掉。此外，它監控着全國的銷售系統，統領圖書館、相關的外貿機構，包括版權貿易，並嚴格組織安排書號發放工作。它還不定期地向海關提供官方諮詢性服務，當然，海關和郵局一樣，處理郵遞及日常圖書審查更多地要和國家安全部門合作。

早在上世紀 50 年代初，國家就發佈了 1945-1953 年的篩除書單，令人想起羅馬教廷的《禁書目錄》。出版社的圖書品種和內容受到嚴格限制，一些被認為有反黨思想傾向的作家無法出版作品，出版之後，也要受到政治迫害。書中有兩個著名的例子：巴赫羅（Rudolf Bahro）寫出《抉擇》（*The Alternative*），交由西德出版，然後通過救護車成功偷運到東德。他沒有被看作作家，而被視為間諜、叛徒、反革命而遭到逮捕。哈費曼通過地下渠道發表文章，批評斯大林和烏布利希（Walter Ulbricht），以及「標準化的馬列主義」，被兩次開除出黨，並被東德科學院開除。

除了出版社，在圖書館、書店、書展，都要求建立「自主的檢查體系」。就是說，除了審查機構的監控與審查，還要求互相監督和自我審查。書中寫道：

> 最有效的控制和培訓監控技術，其真正目的是自我審查，把作者、電影製作人和詞曲作者、記者和科學工作者都自願變做政權的「精神幫兇」（布萊希特語）。

對圖書館的審查，是指對圖書發行傳播的審查，目標針對各種信息傳播載體，包括印刷商、出版人、銷售商以及圖書管理員，實質上讀者被當成了監控對象。在圖書館的管理流程中，館長決定一切。在分配完書目號之後，館長要對「有問題」的圖書進行預檢，最終決定圖書的可用度，對圖書設置使用權限，並決定是否從書單和書庫中剔除。圖書館設有封鎖書庫，即所謂「毒草室」。其間存放的書籍被歸為法西斯主義、色情、非人道或者反馬克思主義等類，即屬危害國家的書籍。所有這些書籍不能外借，只有出示證明才允許進去查閱。大約有點類似中國 60 年代的「灰皮書」之類，印有「內部發行」、「內部參考」字樣，以供應一定級別的幹部和機關單位，但也同樣需要持證購買。關於東德審查的嚴密程度，書中說是每本書的書名或標語、前言後記、索引目錄以及作者或編者的名字構成了這本書的敏感詞場，也就成了圖書館的調查對象，這種狀態一直持續到 1990 年德國統一時為止。

書報審查制度豢養了一大批專門負責鑒定書刊的政治品質、憑身份隨時製造權力又隨意消費權力的隱身人，這就是「審讀員」。國家利用他們窺探、監視、恫嚇出版社，而鑒定費用又須由出版社負擔。在書中，柏林新教出版社社長說他每年聖誕節前就會收到一份多達二百本書目的長長的書單，每本都有評語和具體的鑒定費，然後，他就得按慣例統

一簽名付帳。德國統一後，他曾在柏林某街區的國安部隱蔽處所內見到三千多份裝訂整齊的鑒定書，大為震驚。他了解到，這些審讀員都是由國安部物色的，其中有神學家，也有來自多所大學的教授。他憤怒地說道：

> 我們認為最惡劣的審查官不是國家機關，而是這些所謂的審讀員。和國家機關有商量的餘地，他們也要在黨中央面前彙報工作——他們也害怕，比我們還要害怕。更令人氣憤的是我們無法認識的那群人，為國家機關提供審查辯詞的那群人，就是因為他們那些鑒定書，有時讓我們的工作進行得非常艱難。

1961 年以前，柏林的西德邊境還是開放的，東德的讀者可以不斷地從西德一邊攜帶需要的書刊。在西德，各報社也樂於向東德同胞提供報紙，甚至免費取閱。柏林牆修建以後，特別在 70 年代以後，旅遊活動在封鎖中變得頻繁起來，此時，西德有關機構繼續有計劃地向東德教會、其他團體和個人輸送報刊和宣傳品。這樣，在整個審查體系中，海關和郵局的作用便顯得格外重要了。

郵局對投寄書刊有嚴格的規定：除內容符合意識形態的標準之外，寄件人和收件人都必須是私人並且每次只能郵寄一冊，否則被沒收。據統計，60 年代經沒收的圖書包裹每年達 7 萬件，印刷物總計 42 萬冊，僅 1960 年一年，經檢查的郵政包裹就有 2,100 萬件。從 1963 年起，各地區海關

管理處專門成立了圖書委員會；至 80 年代，海關當局進一步要求成立圖書審查核心工作組。海關管理處在建柏林牆當年的年度報告中寫道：「郵政檢查涉及的檢查工作及安保工作的口號，一律為『不能放過敵人』。」

所有的審查機構都通向國家安全部。在東德，國安部是一個握有無限權力，令人生畏的機關。極權國家一方面是專制政治，另方面是神秘政治，而國安部則是完整地體現了國家的這種既殘暴又陰鷙的兩面性格。國安部的人員及功能深入滲透到出版社、書店、圖書館、各種書展、海關和郵局，以致後來接管了郵政審查。可以說，國安部無處不在，隨時隨處捕獲那些膽敢製造、輸送和閱讀禁書的「敵人」。由於它無權實施處罰，便與其他有權處罰的部門、機構如警方、法院進行有效合作，以確保其工作的「合法性」。一個國家，竟至於依靠安全部門插手文化，可見集權政治的全能性；實質上，這種干預只是維持表面的穩定，它根本無法掩蓋統治關係的內在的緊張。

作為一種制度，書報審查自然形成它的對立面，那就是大批的秘密讀者，也就是潛在的敵人。這些讀者中除了市民、工人、教徒、危險的大學生和知識分子之外，還有官員和一般公務人員，覆蓋面很廣。所以說，書報審查並非是統治集團在唱獨角戲，它是一個社會工程，一場眾人參與的洗禮儀式，甚至是一場戰爭。

由於書報審查制度的存在，讀者發明及發展出一整套秘密閱讀的技藝，從圖書走私、行竊到地下印刷、複製與傳播，五花八門，極具創意。自由領導讀者，他們大多從個體出發，以不同的方式，目標一致地致力於打破禁閉的世界。中國成語所謂「道高一尺，魔高一丈」，確實如此。書中秘密讀者的眾多事例提醒我們，沒有理由對人類進步的未來喪失信心。

從書中可以看到，每位秘密讀者都是名符其實的「藏書家」。有一位編輯說，他把最著名的禁書《新階級》裝進塑料袋捆好後丟入化糞池，後來他才知道，這種藏書法並非他的首創，國安部知道，每個「白癡」都是這麼幹的。他還提到女作家金斯堡寫勞改營經歷的《生命的軌跡》沒有封面，也沒有內封，而是被一層油布包着，據說該書由西德出版，然後空投到東德境內，所以才用防水油布做封面。圖書走私商埃克特的書架有 120 本禁書，由於害怕國安部發現，把它們全都藏到了屋頂上。從西德帶到東德，人們常常把書藏到火車的廁所裏，辦法是用鑰匙或簡易螺絲刀把廁所的鑲板牆揭掉，等過了邊境再行取出。也有人過境時，關掉廁所水箱的進水口，用塑料膜把書包好藏進水箱，過境後再取出來，據說把書藏進廁所有個很大的好處，就是即使被發現，也無從識別藏書者的身份。為方便計，許多人將報刊藏進背包裏或貼身上口袋裏，也有人藏進褲腿裏或者自行車輪

胎裏，有一個胖婦人還把報紙直接綁在肚皮上。在東德遭到嚴重迫害的宗教團體「耶和華見證人」的做法別出心裁，把《聖經》和它的核心期刊《守望台》剪成紙條，塞進無核的烤李子或者去了仁的核桃裏面，然後把這些李子、核桃放在包裹裏寄給獄中的教徒。

另一方面，在西德，策劃秘密閱讀的組織者採用科技手段，比如用無線電廣播為圖書做宣傳，利用西風和熱氣球，乃至用定位精準的火箭分發傳單和宣傳手冊，「耶和華見證人」則利用微型電影膠片。

由於國家壟斷了出版業，一些懷有異端思想的編輯只好根據「斜線戰術」安排出版計劃。「斜線戰術」源於古希臘，即左翼的大舉進攻，右翼的則往後撤。這是一種隱蔽的，平衡的戰術，相當於所謂的「打擦邊球」的比喻。如果放棄原版書的出版，改為複製圖書，那麼讀者只好重新採用傳統的辦法。這些辦法，在他們手中也被發展到了極致。書中說，從手抄、背誦到手工印製藝術家手製書，各式各樣的辦法猶如劇場保留節目一般，令人看了不由得發出驚歎。

據介紹，80 年代，沒有哪個國家像東德一樣，每個印刷所，每台複印設備都要受到縝密的監察。因此，非法和秘密出版業得以在波蘭等地出現，並獲得相當的完善和發展，東德卻是姍姍來遲。對比之下，東德有人慨歎：「他們那麼多自由刊物令我們自愧弗如！」當然，這些稱為「薩米亞特」

的地下出版物勃興的現象，與波蘭眾多政治反對派組織的出現有關，是反對派地下活動的組成部分。由於地緣政治的關係，波蘭反對派多樣化的活動內容和富於想像力的實踐為東德反對派從事政治和社會反抗運動樹立了典範。從 80 年代中期以後，東德也出現了定期出版的薩米亞特刊物。東德的這類刊物比蘇聯晚了二十年，比東歐各國晚了十年；與鄰國波蘭相比，數量也少了許多，但是，在政治訴求和文字內容等方面都體現了高度的同一性。它們不但為蘇聯和東歐反對派獨立政治運動的產生和鐵幕[1]的落幕起到重要的推動作用，在 1989 年以後東歐新民主秩序的建立中仍然迸發出特異的光彩。

隨着時間的推移，到了 70 年代，眾多的秘密讀者漸漸形成了若干圈子，開展了有組織的集體閱讀活動。著名的有「阿多諾圈」，後來又有「潘科和平圈」等。加入圈子的大都是青年知識分子，他們閱讀各種禁書，特別是政治、哲學和文學作品，定期進行討論，喚醒了思想，培養了一種激進主義的政治熱情。國安部調查圈內成員的理由，就是「教唆反國家」和「組建反國家團體」。

某個被禁的作家和作品，也可以形成一條「接受鏈」，把眾多不同成分的秘密讀者串連御來。比如小說家卡爾·麥

---

1 鐵幕指冷戰時期將歐洲分為兩個受不同政治影響區域的界線，也指專制政權的封閉性。

(Karl May)，就有一個歷時長久的龐大的閱讀群，稱「卡爾·麥愛好者團體」。巴赫羅的批判東德現存的社會主義的論著《抉擇》，在國家安全部、國家計劃委員會，各部委、統一社會黨中央委員會的社科院、馬列主義研究所、領導幹部進修班裏，都被不同程度地秘密傳閱。出版社、報刊編輯部工作的編輯人員爭相傳閱，一家大學雜誌《論壇》的編輯在閱讀時害怕留下指紋，竟發明了戴手套閱讀的方法。《抉擇》在很多地方，都是研討會和書友會交流的內容。

書中提出一個「反對派公眾」的概念，說：「凡有圖書審查的地方，由反對派和抵抗者形成的公眾就是反對派公眾，這是對國家或體系持批判態度的公開言論被閹割的反應。」東德的壟斷官僚專制體制對反對派公眾異常敏感，所以除了一般採用書報審查的手段之外，必要讓安全部門介入，並對從事反體制論壇活動的人給予刑法制裁。但是，所有這些，都無法阻止行動者和接受者的圈子的形成，其內部交流加強了參與者的批判意識和共同體的凝聚力，極大地提高了反對派的顛覆性能力。

德國是一個閱讀大國。在那裏，有世界上最大的出版公司和國際性書展。從書中可以看到，大量讀者閱讀、攜帶、收藏禁書是冒風險的，這種讀書景觀不妨說令人生妒。雖然，被官方繳獲的圖書中大多數屬低劣讀物，包括黃色書刊，但是，仍然有極少數的政治性讀物，被比喻為「能引發

手榴彈般的反響」。重要的是，這些爆炸物為知識分子、社會精英所擁有，完全有可能在他們未來的政治實踐中轉化為巨大的能量。

有一個叫「反對非人道戰鬥團」的組織的領導者蒂利希非常重視閱讀，他強調指出：「對極權主義的反抗開始並結束於每一個人身上」，必須「通過圖書和優秀雜誌」來「摧毀寂寞、實現集體的無聲教育，借助精神作用來撒播歐洲文化已被腐蝕的土壤」。他認為，有意識地把自己變成歐洲文化的承載者，只適用於「少數人群」，適用於一個社會內部某個民族的特殊核心，「為將來輻射到全社會，重要的是以這類少數人群為核心並對他們起到引導作用」。

一位曾積極投身於「潘科和平圈」閱讀活動的物理學家施達德爾曼有一段話這樣說：

> 我們到底有多重要？這一問題無人能答。可以肯定的是，那段時間至少對我們這個小團體的成員很重要。混沌理論中稱此為耗散結構。在熱力學非平衡狀態下，能量會在一定時間內達到穩定狀態，進而推動不可逆轉的變化：著名的蝴蝶效應──蝴蝶扇動翅膀改變了氣候。

1989 年，氣候改變了。

2004 年 1 月 16 日

西方的眼光，東方的故事
——讀美國小說《最後的手稿》

兄弟，逝去的復活，自記憶和精神開始。

——〔俄〕別雷（Andrei Bely）

　　《最後的手稿》（*The Archivist's Story*，2007）出於一位美國作家的手筆，頗令人訝異。據稱，這是特拉維斯·霍蘭（Travis Holland）的第一部小說，作者很可能是一代新人；倘若沒有蘇聯東歐的生活背景，應當不會對暴露極權主義制度感興趣，何況蘇聯已經解體，書中的題材內容純屬歷史往事。與索爾仁尼琴不同，老索是這一制度的直接受害

者；自然也不同於寫下《1984》的奧威爾，在西班牙內戰時期，他是嚐夠了蘇聯老大哥的苦頭的。那麼，對於呼吸着西方自由空氣的霍蘭來説，創作這樣一部政治性小説，是否緣於對《紅色騎兵軍》（*Red Cavalry*）的偉大作者巴別爾（Issac Babel）的敬意呢？

從小説的描寫來看，霍蘭對於巴別爾的才華、人格和精神深度確實表現出了高度的讚賞；而作為時代的標誌式人物，巴別爾的出現和消失，書中也作了相當完整的悲劇性的展示。但是，霍蘭留給他的空間畢竟有限，除了首尾兩端，小説大部分篇幅都在敍説普通人的故事，情節上與之並無關聯，雖然彼此的命運有着某種同質性。

顯然，霍蘭不打算把他的書寫成傳記，卻有意把目光從個人的身上轉移到更廣闊的社會層面，使文學獲得某種歷史統計學的意義。

小説的結構並不複雜。主人公檔案員帕維爾的日常行為貫穿始終，其他人物，僅作為帕維爾的親人、鄰居、同事、朋友而同帕維爾發生聯繫，猶如一個個塊莖。每個人呈原子化的存在，故事自然也是散在的，各自獨立，不相連屬的。沒有傳統小説的「懸念」。在這裏，懸念不是技巧的產物，而是自然地生長自生活的根蒂。每個人的故事，樣態各不相同，但都存在着同一個懸念，那就是：政治恐怖。一隻看不見的手，在頭頂張開指掌覆蓋一切，並隨時攥緊；每個人都

會在預想不到的時刻失去自由：工作、生活，直至生命。帕維爾的妻子艾琳娜在一次火車脫軌事件中意外喪生，他無法得知事件真相，連骨灰也遲遲不能回到身邊；教師塞米永只是不願意討好權勢小人而已，所以無視朋友的警告，眼見威脅一天天逼近而遷延不肯逃跑，結果遭到逮捕；維克多惟因老闆沒有按計劃完成國家項目突然被抓走，為了逃避株連，不得不舉家遷移。小說寫道：

> 一個憤怒的用詞，一個無心的手勢，都可能是冰面上第一道不起眼的乳白色裂縫。那些沒有讀懂警告的人，那些拒絕相信他們居住的美麗光明的世界有一天會像一隻釘鞋一樣踩在他們頭上、把他們碾成粉末的人，他們的遭遇帕維爾可是見過太多。

出於不祥的預感，帕維爾到最後將不久前被單位開除的母親，世上唯一的親人託付給了維克多；臨別時，他還要壓低聲音囑咐母親不能寫信，不能發電報，不能打電話，總之主動切斷同其他人的聯繫。

「公民，你為什麼在這裏？」書中引用了契訶夫的一句話。的確，這是一個深不可測的問題。

審查制度，對於一個專制國家來說是必不可少的；而對於那些尚未泯滅良知和喪失自由渴望的人來說，卻是致命的威脅，甚至包括從事審查工作的人，例如帕維爾。

帕維爾原本是一名教師，因為在一份學生告發同事的請願信上簽名而導致同事自殺，最後被任命到特別檔案處工作。到處是死氣沉沉的金屬架子、箱子、手稿、文件夾、標籤、封緘、紅色火漆印、久積的灰塵……他憎惡他的工作卻無法拒絕。然而，公民的權利只有接受，沒有選擇。他偷偷地把心愛的巴別爾的手稿弄出來，同朋友的情書和照片，母親的明信片一起，小心保存在地下室裏。時代的要求是，每件珍貴之物都必須藏匿起來。但是，帕維爾知道，所有一切努力都終將是徒勞的。小說結束於主人公的想像，他的命運正如他的心，追蹤巴別爾而與之連在一起：

> 帕維爾看看窗外的街道，現在空無一人。他能想像五月的那個早晨他們逮捕巴別爾的樣子，輪胎在車道上嘎吱地輾過，接著是腳步聲，愈來愈近。巴別爾從睡夢中驚醒，從床上爬起來站在窗前。暗黑的樹，廣袤無比、星消月隱的天空──一切是那麼靜。這正是那個隱藏着的世界的邊緣。他的呼吸印在窗玻璃上。

不幸突如其來，充滿不測。恐懼、焦慮、屈辱和痛苦支配着每一個人；而在人與人、人與社會之間，到處是叛賣、告密、謊言、陰謀和暴力。正如帕維爾總結的：停屍房和警察局，成了這個時代的遺產。

權力高高在上。正是各級的權力者，成為系列畸形的社會現象的製造者和維繫者，是整座極權主義大廈的重要支柱。帕維爾的頂頭上司，基層領導人庫提勒夫中尉粗魯、冷漠、無知，他把審查手稿，焚毀檔案稱為「除草」，信奉上頭許諾的原則而忘我工作，一門心思往上爬。小說中這樣寫道：

> 庫提勒夫和以百萬計的像他一樣的人沿着一條乾枯的小路勞作，他們能夠把它想像成任何樣子的路，就是無法正視一個事實：這條路——現在是，將來也是如此——鋪滿了枯骨，這無疑是對這個時代令人驚愕的佐證。

在庫提勒夫上頭的是拉德洛夫少校。作為特權階級的代表，拉德洛夫是一個有文化的人，不像庫提勒夫那般頭腦簡單。他目睹了自己的父親毀於告密，被扔進磨牙霍霍的機器之中，居然可以冷眼旁觀，無改於那台機器的忠實僕人。他高大、英俊，約見帕維爾時面帶笑容，而且可以大談果戈理，但慣於聆聽下屬薩瓦若夫毒打囚犯時發出的呻吟，內心無比冷酷。在他的面前，帕維爾承受着極大的壓力，如同卡夫卡筆下的人物，惟覺空洞和徹骨的恐怖。

「從你到你的上級到我再到貝利亞本人，他直接聽命於斯大林。在斯大林上面只有革命了，我們所有的人都必須以

某種方式聽命於革命，無論我們個人的才能是什麼。」拉德洛夫告訴帕維爾，「我們總是要聽命於上面的某個人的。總是如此。」這就是極權主義國家。一方面是嚴密的組織體系，把現代社會的科層管理極化，完全聽命於最高層，所謂「一個主義，一個政黨，一個領袖」；另一方面，利用「群眾」，打「民主」的幌子。在意識形態的規訓之下，群眾只是「孤獨的人群」，無法形成反抗的力量，只能按照權力者的意志行動。何謂「人民」？書中說是「送入屠宰場的羊群」。蘇聯長期致力於培育「蘇維埃人」，也即「社會主義新人」；用書中塞米永的話說，就是把後代培養成「一群白癡」，說「我們的生活有多麼幸福」。通過國家的整個性質和建設程序對民眾實行馴化，形成法國政治學家拉博埃西（Étienne de La Boétie）說的「自願的奴役」，以「習慣」的力量遏制人們對自由的原始衝動，從而確保極權統治的穩定性。

拉博埃西的思想是以契約論為基礎的。他認為，每一種暴政必然建立在民眾的普遍接受之上，默許一種臣服狀態，因此，推翻它的顯而易見的手段，就是民眾收回他們的同意。只要民眾簡單的「不服從」，暴君就會變得一無所有。顯然，這是一種消極的抵抗，不抵抗主義的抵抗。有意思的是，活在《最後的手稿》中的普通的人們，連「不服從」意識也沒有，在恐怖的統治下，只有「逃避自由」，一個個、一批批，默默地接受逮捕、囚禁和死亡。

像這樣一個強勢的極權統治，何以竟在七十年之後悄然傾覆了呢？

整部小說都在回答這個問題。但是，作者並沒有給出明確的答案——故事直到結束，那時間仍然停留在蘇聯的盛期。禁錮、清洗、審判、失蹤、流血……一切都在繼續。其中，霍蘭借小說人物之口反覆提醒的是：一切都必須記住！

一份手稿、一塊手帕、一個吻、一句話，確如塞米永最後所說的，「每件事情都值得被銘記。」喪失太容易了，記憶就是存在。這是一筆沉重的遺產，它確實可以改變現實生活的質量，使人陷於傷感和陰暗；但是，由於它把藏匿的實在顯現了出來，猶如積久的柴薪，一旦被點燃，就將生出理性之光，照見罪惡的淵源和變革的出路。對此，書中引用了作家別雷的話說：

> 「兄弟，逝者的復活，自記憶和精神開始。」
> ——「明日等你。」

多少亡魂跨越浩瀚的時空，同生者一起苦苦等待明日。「終於等到了。」一個反自由、反民主、反人道的社會不可能維持長久，這是歷史的結論。霍蘭所以着意寫出一段「史前史」，大約出於對生活在暴政之下的人類的救贖之意吧。「如果還能挽救巴別爾，」小說家寫道，「或許這不算太晚。」

2013 年 1 月 20 日

既監獄，何必「天鵝絨」
——介紹米克洛什·哈拉茲蒂著《天鵝絨監獄》

　　第一次見到「天鵝絨革命」一詞甚覺新鮮。此詞原指 1989 年 11 月東歐劇變時捷克斯洛伐克發生的革命，與馬克思主義經典的「革命」定義不同，意即不用暴力而用溫和的手段改變政體。其後發生在東歐獨聯體國家的所謂「顏色革命」[1]，其實是同樣性質。在政治學中「顏色革命」本來是一個陳述性的中性詞，但是不知何故成了貶義詞，普京在 2016 年的新年報告中便斷然對它加以否定。

1　顏色革命（Colour revolution），又稱花朵革命，是 20 世紀八九十年代在中亞、東歐發生的一系列以顏色命名，以和平和非暴力方式進行的政權變更運動。

匈牙利著名異議者作家米克洛什・哈拉茲蒂（Miklos Haraszti）使用「天鵝絨監獄」一詞，大概緣此而來。它產生的背景，同樣與冷戰結束前整個東歐社會有關，具體地，是對於一種新的審查制度的借喻。它的意思是，國家不用訴諸強制性壓力，照樣能夠禁止自由寫作與閱讀，控制人們的頭腦。在《天鵝絨監獄》（The Velvet Prison，戴濰娜譯，中央編譯出版社，2015 年 10 月第 1 版）一書中，哈拉茲蒂把它作為一個關鍵詞，通過對文藝出版的審查機制的揭露與批判，鋒芒直指作者名之為「國家社會主義」的極權制度。

「天鵝絨監獄」一詞極有創意。不同於自米爾頓《論出版自由》（Areopagitica）以來的對傳統審查制度的各種批判，是因為它不只是揭示「監獄」的不自由的方面，還有「天鵝絨」的方面，大棒之外的胡蘿蔔方面[2]，更隱藏、更狡詐、更危險的方面。正是這兩者構成的內在張力，創造了一種意在根除審查制度的審查制度，一種迷人的極權主義美學。如果事實如哈拉茲蒂所說，這裏意味着一場深刻的文化變革的話，那麼，「天鵝絨監獄」的創設，就當拜打着社會主義旗號的政治家之所賜了。

2　胡蘿蔔加大棒（Carrot and Stick）是一種「獎勵」（胡蘿蔔）與「懲罰」（「大棒政策」）同時並存的激勵政策。

既監獄，何必「天鵝絨」？在書中，哈拉蒂用兩個聲部寫作，或者是裝腔作勢的戲仿口吻，或者是正兒八經的客觀評述，調動文體形式中的積極因素，着力突出現今的審查制度的「新穎性」。

從自由說起

　　正常的國家需要同時維繫兩樣東西：秩序與自由，從中尋求並保持某種平衡。民主國家向來重視公民個人與團體的自由權利，在自由的基礎上建立政治秩序，因此，整個社會是富於人性的，人道的，相對和諧和合理的。相反，威權國家、專制國家把秩序放在第一位，而無視公民自由；為了維持穩定，動輒使用強迫性手段，審查制度即其中之一種。及至現代極權主義國家，它不同於老式專制國家的是，在意識形態上宣稱代表人民，代表先進的階級，沒有個體，惟有全體；沒有多元，惟有一元。蘇聯當年就是以第一個「工農政權」著稱於世的。

　　在蘇聯，政權成立之後，隨即實行「一黨專政」，蘇維埃失去了它的代表意義。國家的主人工人和農民階級的罷工、暴動等群體事件遭到鎮壓，喀琅施塔得水兵起義被鎮壓的事件，流放知識分子的「哲學船事件」都是著名的事件；而遍佈全國的集中營，勞改營，「古拉格群島」，在世界上

是罕有的。此外，從契卡到克格勃，一支陰暗的、神秘的國家恐怖主義力量活躍在各個領域。這種以自由民主為敵的做法，曾經有着漂亮的意識形態包裝，但是基本上還是老沙皇的一套。對於周邊的社會主義國家，蘇聯極力控制在統一的陣營之內，不容許有獨立的民主改革。哈拉茲蒂的祖國匈牙利在 1956 年發動的革命，以及 1968 年捷克的「布拉格之春」，都被蘇聯出兵鎮壓下去了。報人米科諾思・吉美思在 1956 年革命時說：

> 我們需要的是這樣的政權，在那裏，公民的各種權利得到絕對的尊重，即人們享有言論自由、出版自由、結社自由、工作和受教育的自由；我們需要這樣一種政權，在那裏，人民的意志在法律的框架內可以得到自由的表達；在那裏，多數人必須無條件地尊重少數人的不可剝奪的權利。

這樣的民主體制，在極權國家裏非常緩慢地、艱難地孕育着，繼 50 年代非斯大林化運動之後，70 年代終於出現了新的裂縫。

蘇聯出現了一批新的人物，叫「持不同政見者」，而且他們開始危險地結盟。幾乎在同一時期，蘇聯和東歐出現了一種叫「薩米亞特」的地下出版物。顯然，官方表現出了前所未有的容忍態度，形勢出現了鬆動。就書報審查來說，雖

然一方面採取強硬的禁制措施，但是在另一方面，卻在鼓勵作家藝術家忠實於現有體制，給他們以歌頌的自由，給他們舒適的住所，集會及各種活動的經費，給他們獎賞，給他們以眾多的讀者、鮮花和榮譽。這種被容許的自由，被賞賜的自由，享有特權的自由，在哈拉茲蒂看來是危險的。他的《天鵝絨監獄》說的就是這種危險，他所要的，惟是異議的自由。

只有從自由出發，才能洞悉現行體制的全部邪惡和荒謬。所以，一種內在的自由感的存在，對於一個社會的改革和進步是生死攸關的。壓抑愈久，自由感的喪失將愈加嚴重，當然也有可能出現反彈，但是無論是何種情形，都亟待思想啟蒙。理性知識的傳播是知識分子的工作。知識分子對自由特別敏感，而且富於歷史使命感，然而，致命的是普遍的懦怯和脆弱。倘若知識分子遭到禁錮，或被領養被收買，那麼，整個國家將變成一座墳場，為黑暗、荒蕪和沉默所統治。

哈拉茲蒂，1945 年出生於紅色家庭，卻是一個天生的反叛者。他支持過許多為當局所懷疑、指控、不伏法分子，包括公開的不同政見者。當他還是一個哲學專業的大學生時，就因為異端的思想行為遭到學校開除，被迫到工廠勞動。他觀察記錄了他在此間的經歷，寫出《工人國家的工人》（*A Worker in a Worker's State*）一書，並在地下出版。為此他被正式指控，以「顛覆國家罪」被捕。事情發生在1973 年，當局對他的審判成了國際新聞。雖然他的著作被

禁止出版，他的名字，卻因此為布達佩斯及東歐的知識分子所熟知。他是 70 年代匈牙利民主與自由出版運動的發起者之一，至 80 年代，成為匈牙利第一份地下刊物《講述者》(*Beszélő*) 的編輯和撰稿人。《天鵝絨監獄》就是這時寫作的。隨着著作在西方翻譯出版，鐵幕已經無法阻止其中的自由思想的傳播。

這是一個「反抗的男爵」，自由之友，極權政治的敵人。

國家及意識形態

藝術本來是屬個人的，由個人製作，被個人接受。但是，在政治社會中，它卻常常被集團化、黨派化、國有化。

《天鵝絨監獄》在論及藝術的國有化時，並非指民主國家對藝術機構及相關的創作活動所提供的各種必要的支持。在這些國家裏，從中央到地方，不論是哪一級的行政管理，都無權剝奪文學藝術家的創作自由和出版自由。書中所說的「國有化」，乃特指極權國家對所有藝術資源的壟斷和支配。作者指出，這些國家的憲法與現實是不一致的，就是説，寫在憲法上的東西，是從來不準備實行的，或者從來就是跟現實的情況相反。比如蘇聯和東歐國家的憲法，全都規定出版自由，政府甚至根本不承認審查制度的存在；事實上，思想監視作為系統化的存在是貫穿始終的。所謂國有化，就是通

過既有的管治渠道，強制灌輸官方的意識形態，以權力意志代替自由意志；其結果，不問而知消滅了個體，也即取消了藝術。

國家是「業主」。在哈拉茲蒂的筆下，每位藝術家都是國家的僱員，所有的藝術都是御用的藝術。他指出：

> 在社會主義制度下，國家是全部資本的唯一所有者，是全體勞動力的唯一僱傭者。國家亦是知識的捍衛者和感情的監督者。……所有的報章雜誌，所有的電影片廠，所有的劇院，所有的畫廊，全都是國家財產。藝術家又只能從國家財政那裏領到工資單。

由於所有的精神勞動者都為國家打工，自然許多文藝樣式都成了規訓的產物。他寫道：

> 只要進入國家認可接受的行列，它們就不會因為缺乏市場而慘遭淘汰。國家保障了其受眾。管制也是一種保護。

> 不同於險惡的自由主義市場經濟，國有化為藝術發展提供了安全保障。新的起跑線上，競爭不再，取而代之的是國家對藝術的公正的關懷。

在這種「關懷」之下，任何「與社會相關」的藝術都被賦予同等的權益，獲得官方認可。

作家協會作為被認可的機構之一，被哈拉茲蒂稱為「藝術家收容所」。早在上世紀 30 年代，蘇聯便在「拉普」[3] 的基礎上成立了全國統一的作家協會。蘇聯作家協會不但負責分配作家的工作單位、住房和工資，還有權決定作家作品的審查和出版。它給予著名的作家以優渥的條件，以贖買他們對國家和領袖的絕對忠誠。高爾基是最好的例子，他主編《新文化報》，傳播「不合時宜的思想」，一度被列寧「動員」出國；當他再度被斯大林請回來以後，就成了哈拉茲蒂説的「御用」作家，帶頭唱虛假的頌歌，甚至美化勞改營生活。哈拉茲蒂把「作協」和「社會主義現實主義」並稱為蘇聯的「連體雙胞胎」，而被作協奉行長達半個世紀的所謂「社會主義現實主義」的基本原則，就是高爾基提出來的。

　　中央和作協對作家藝術家的統一管制，向來採用兩手策略，即胡蘿蔔加大棒的組合。問題是被餵胡蘿蔔還是挨大棒，與其説是作家自行選擇，毋寧説是當權者的選擇。像曼德爾施塔姆，就只能被處決；像阿赫瑪托娃和左琴科，就只能被踢出作協；像索爾仁尼琴和布羅茨基，就只能被流放；像一無所有而孤傲無比的茨維塔耶娃，就只好自縊而亡。帕斯捷爾納克的小説《齊瓦哥醫生》逃避國內審查而到國外出

3　「拉普」全稱為「俄羅斯無產階級作家聯合會」，是蘇聯 20 至 30 年代初最大的文學團體。

版，雖然最後獲得諾貝爾文學獎，也在大棒的恐嚇和胡蘿蔔的誘惑之下，不得不聲明放棄這種殊榮。

蘇聯在東歐的所有衛星國，都是依照「老大哥」的模式管理作協和作家的。在前期，它們更多地仿效斯大林－日丹諾夫時期的做法，以大棒政策為主；在後期，即蘇聯解體，象徵性的柏林牆崩毀前夕，哈拉茲蒂具體說在 70 年代以後，則以胡蘿蔔政策為主。但不論是哪種手段，目的只有一個，就是加強國家核心的凝聚力。所以，在國家社會主義中，如哈拉茲蒂所說，人們不會討論作家的自由，只會討論作家的責任。在作協系統裏，只會追求作品的產量以顯示文學的繁榮，所謂藝術，不過是一堆廉價的禮品和國家廣告而已。

哈拉茲蒂指出，到了後來，東歐現代社會主義國家的文化藝術出現了兩種情況，其中之一，是「專業精神取代了意識形態固守」。所謂「專業精神」，大約就像我們 80 年代中期大談「向內轉」、「私人寫作」，提倡「先鋒小說」、「實驗小說」、「純詩」之類一樣，強調藝術內在規律的探索。哈拉茲蒂指出：事實是，這種發展在東歐並未帶來意識形態的解禁，開國元勳遺留下來的「國家宗教」不可或缺，社會統一的神話依然有效。

後期出現的另一種情況，是市場的興起對文學藝術的影響。哈拉茲蒂在書中談到馬克思的一個「錯誤」，是認為

「資本主義向計劃經濟過渡必然與民主發展相同步」。他的看法與之相反，說是社會主義只有在世界的貧困地區才能取得成功，可見並非民主的果實，而恰恰是民主的缺失所致。他繼而指出，擴張的資本殖民至傳統的專制社會，將這些封建的、父權制的、宗法的社會世俗化，繼而將它們推向現代化。反獨裁的民主精神在先進的工業社會形成了一個傳統，而在後進社會裏卻胎死腹中。一個明顯的現時代的事實是：「資本在專制社會的現代化國有市場中依舊如魚得水。」這是關於文藝社會學的一個很帶前瞻性的結論。

一個國家，只要無改於極權主義的本質，那麼主流文化就只能是「御用文化」。哈拉茲蒂指出，「御用藝術」，包括文學所承擔的功能除了增強政治凝聚力之外，就是對現實的肯定。「禁忌乃是御用崇拜的一個永恆特徵」，因此只允許正面的、積極向上的一元的御用藝術存在，而所有揭露黑暗的藝術，否定性的藝術，批判的藝術，則毫無例外地受到排除。

哈拉茲蒂說：「沒有任何東西可以表明，我們能夠擺脫國家社會主義的官僚壟斷。它不像一件衣服，倒是更像我們的皮膚：和我們生長在一起。」他說：「國家減少了禁令，卻沒有解除我們的鐐銬，它只是將惱人的柵欄插到我們的自尊心上」，「用專業設計師設計的手銬代替銹蝕的鐵鏈。」

新審查制度

　　《天鵝絨監獄》開篇便拿米爾頓說事。米爾頓斷言審查制度不可能實行，因為它是反自由，反真理的。哈拉茲蒂帶着同情的善意，嘲笑道：「這番流行了那麼久的精彩高論，早已被 20 世紀極權社會主義的雪崩掃蕩乾淨了。」

　　本書開宗明義便說：「審查制度已經不再是簡單的國家干預的問題。」他把這種傳統的可惡的制度在新時期的蛻變看作是一種「新文明」，一種「新的審美文化」。這時，國家變得有能力馴化作家藝術家，他們與他們所在的社會的掌權者之間構成了一種「合謀共犯關係」：審查制度已經被審查對象所接受，所消化，成為藝術的組成部分；而藝術，自然也就成為鞏固這一體制的有機成分了。

　　書中有專章談論「審查的美學」。哈拉茲蒂把這一國家美學區分為斯大林主義和後斯大林主義兩種模式，又將前者稱為「軍事」或「強硬」的美學，後者則為「民用」或「溫和」的美學。他指出，兩者並非必然地彼此傳承，更多的時候並行不悖。隨着國家政權日趨穩固，公然反對者被消滅殆盡或者被恐嚇噤聲之後，審查制度便從斯大林主義轉化為後斯大林主義，美學政策由強制變得寬鬆，當然這絕不意味着控制的鬆弛。他提醒說，這只是一種策略，一種統治的技藝而已。他說：

表面上的放寬限制，不應被誤讀為黨政集權的真正放鬆，惟有公眾接受並適應了自我同化之後，某種程度的放鬆才可能出現。人人小心行事，國家也就無須強迫其服從了。

從斯大林式到半斯大林式的審查制度的轉變，重要的是要把審查對象，也即原來的天敵轉變為同夥或朋友，努力消除審查官與被審查者之間的對立。首先，要照顧到作家藝術家的實際利益。哈拉茲蒂在說到「國有化」的時候，把極權國家比喻為一家大公司，這時，就得拉所有的僱員入股，並且讓他們擁有股份，把公司當成是自家的公司。由於新的審查制度建立在一個利益共同體之上，原來的被審查者和審查官終至於成為代表國家意識形態的左右手，為了創造符合共同利益的「御用文化」而緊握在一起。

國家把它所壟斷的資源通過藝術的社會組織，如文聯、作協、文學院，還有為了展覽、表演和出版而設立的機構，分配給各級負責人及一般成員，其中有地位、權力、佣金、獎勵、國家項目和財政支持，以及各種出人頭地的機會。這些機構實行行政管理，實際上也變成了官僚機構，執掌機構的人被賦予政治責任，一面提供維護團結和解釋權力的服務，一面在權力場中奔走競逐。作家藝術家則為了進入體制，被權力機構所認可，為了出版作品，獲獎，博取更大的

聲譽和好處，趨奉者眾，同樣營營不休。正如哈拉茲蒂諷刺說的，「每個藝術家都是一名文化小吏」。書中有「戲仿御用風格的一章」，詳細描述了這個新型制度體系的特點。

新的審查機制明顯地縮減了懲罰的範圍，而擴大使用激勵機制，設立各種獎項，而且蓄意劃分不同層級，標榜最高價值以勾引競爭者。事實如哈拉茲蒂所說，很少有人能頂住國家藝術家高威望的誘惑，沒有一個藝術家拒絕過任何來自國家的榮譽或嘉獎。就連過去被稱為西方資產階級的「誘餌」的諾貝爾文學獎，今天也不再加以拒絕，像當年打發帕斯捷爾納克公開辭謝那樣；而是極力鼓勵甚至幫助作家爭取，一旦獲獎，則由官媒帶頭宣傳，視之為國家的一種「軟實力」的表現。獲獎者索爾仁尼琴最早被逐出國境，十年後則由總統親自接見，前後所受的兩種待遇很能說明問題。

在斯大林主義時期，藝術是教條的，說教的，意在灌輸的，因此要求「立場鮮明」，所有與之不符的藝術，不是反動的，便是毫無意義的。

後斯大林主義對於「立場」的要求有所弱化，美學政策趨於溫和，其中有一個明顯的現象是，承認「中性文化」的安撫作用，不至於削弱「同化」的影響。書中特意說到一種「政治中立的藝術」，表現上看起來並不屬主旋律，但是它不對國家構成任何威脅；相反，它促進同化和默認。在後斯

大林主義時期，國家對遠離政治的「先鋒藝術」、「私人寫作」之類並不加以禁止，「只要我們不直接批評官僚政治及其態度言論，我們就已然具有建設性的了。」哈拉茲蒂寫道：

> 一件表面上模棱兩可或審美中立的藝術作品，和那些露骨地迎合政府的作品一樣是可以接受的。只要稍微有那麼一點建設性詮釋的空間，便足以建立藝術和國家的聯繫。

他還指出，有一類藝術看似叛逆，其實，卻並非對國家控制的反叛，它只是針對露骨的、粗暴的「斯大林主義殘餘」作出批判而已，並不從根本上觸動舊體制。這種現象，魯迅在 20 年代後期論流氓文學時，就曾經深刻地總結道：這是「亂」，而不是「叛」。

總之，在後期，出現了形式上的鬆動。哈拉茲蒂說是此時，「個人覺悟取代了高壓強制。共識的形成，依靠的是不成文的法則、自願的禁令和無意識的承諾。」他形容說：

> 在斯大林時期，身陷困境的我們，如同被主人愚蠢鎖進水缸防止逃跑的魚兒。後斯大林時期，主人愈發明智，魚兒也愈發歡樂，儘管水缸依然是那個水缸。

審查制度就是審查制度。只要存在一天，它的控制型性格不會改變。對此，哈拉茲蒂寫道：「審查制度不僅僅是一帖驅魔的咒符，它是一派完整的宗教，國家的宗教。它

從系統內部自我生發出來。到如今它已經成為一種生命的血液，缺少了它，什麼都別想生存成長。」不同於斯大林主義的傳統做法，「今日之『審查』，只是在審慎和包容的精神下行事。它不再無法無天。國家仁慈，藝術家也努力不去尋釁滋事。上級的寬厚與下級的溫順兩相匹配。」

國家確實始終不曾放棄決策權，但當審查機構漸漸為龐大的文聯、作協系統——哈拉茲蒂稱為「藝術工廠」——所吸收，當審查的目的內化為作家藝術家的個人需要，或者因為涉及資源分配問題而引起內部紛爭，藝術生產者根本無暇顧及藝術，這時，審查變為自我審查，他律變為自律，審查機構在很大程度上已然失去獨立存在的價值。就是說，它曾經是文化創造者的鎮壓場，而今已經是他們天然的家園。這是一種新語境，新常態；至此，一種新的審查——審美文化便告完成。

兩類藝術家：御用者與異議者

書中說，上世紀 50 年代以後，出現三類不同的藝術：被支持的藝術，被容忍的藝術，被禁止的藝術。為官方所支持的，不問而知是貨真價實的御用藝術；能夠被容忍的，大約包含唯我主義、形式主義的藝術，相當於所謂「政治中立」的藝術。當審查機構可以擴大容忍的範圍而及於後一類，說

明官方已經證實此類藝術無損於政權，不妨劃入御用藝術而予以支持。這樣，被禁止的藝術只是極少數，大抵屬政治上思想上持異議者所為。

哈拉茲蒂多次寫到知識分子、作家藝術家是引導社會主義走向勝利的思想情感的組織者和塑造者。他寫道，藝術的國有化，讓作家藝術家發現自己同樣處於權力的中心位置，獲得社會的尊寵；其中很少有人能頂住國家藝術家崇高威望的誘惑，他們和新興的公眾密不可分。「藝術家作為一個群體，已經成為政治精英的一部分。他們都不願意放棄隨之而來的特權。」既然要保留特權，就必須為政權服務，即是「御用」。

御用藝術有一個最大的特點，就是肯定現實，歌頌光明，原因就在於此。濫觴（編按：指事物的開端、起源）是蘇聯發明的「社會主義現實主義」口號，雖然這一口號後來被新的口號代替，但保衛現行體制的本質不曾改變。

在這裏，藝術表現的事實和真理是被允許、被過濾、被粉飾的。也有御用藝術家試圖在其中尋找「暗示的空間」，即不從根本上觸動國家規劃的主導地位，不反對現行制度的情況下，保留個人對社會的一點批判性意見，所取的是中庸之道。然而，實際上是行不通的。哈拉茲蒂說，我們無權決定自身自由的程度。而且，當御用藝術家已經習慣於充當「國家良心」，習慣於領受社會的關注，陶醉於自己的特權

效益裏，即便有所批判，也不會掩飾御用的一套。「事實上，如果真的可以自由地表達，我們也不知道自己屆時會說些什麼。」只要不下定決心放棄特權，只要繼續從事寫作肯定現實、保衛現實的「御用文藝」，就不可避免地犧牲藝術的獨立性、完整性和豐富性。

御用藝術家無論從外部接受政治任務，還是出於被同化的內在要求，自發地創造出正面詮釋社會的主旋律作品，都不可能在藝術上獲得完全的獨立，或者說只能享有一種「殖民地式的獨立」。哈拉茲蒂指出，這是為御用藝術家根深柢固的官僚天性所決定的。在書中，他用自我戲謔的口氣說：

> 我的受眾明白，我是一個獲得國家許可的作者，負責表達許可範圍內的信息。我審美感受的表達，既不可任由想像，亦不能以他種方式實現。我就是這種畫家、雕塑家、標語寫手，暴君編年史記錄者：連我最私人的發現和最隱秘的見解，都只能用來裝飾社會主義的金字塔。我所有的創作都基於公理；我的美學探索，就是對社會主義真理的演繹。

《天鵝絨監獄》把今日的藝術的規訓溯源於早期「革命藝術家」的社會承諾，說他們將藝術服務於革命，為日後被馴化創造了先決的審美條件。資本主義個人危機最先激發了這些激進藝術家的潛在欲望，結果使之為日後的文化國有化帶頭護航。哈拉茲蒂把這歸結為一種文化宿命。他列舉了

高爾基、馬雅可夫斯基（Vladimir Mayakovsky）和布萊希特的例子，說：「他們都曾隸屬於反專制獨裁的傳統，即便在他們為政權服務期間，他們也抒發了個體的獨立自由。但後來，他們扮演了『國家夢』的解說員。」無論他們在進入「新國家」之前有沒有準備好，他們都清楚地知道：只有成為政府的價值觀，他們所倡導的價值觀才有可能實現。所以，他們這些先驅，這些積極投身政治的藝術家們，才會給有組織地強制推行一種「統一價值觀」的偉大工程簽下空白支票。

關於德國天才的詩人、戲劇作家布萊希特，哈拉茲蒂援引了藝術史家阿多諾（Theodor W. Adorno）對他的批評。阿多諾一方面譴責布萊希特的樂觀主義是一種撤退，對社會主義承諾的迷信是一種妥協，對現實主義的強調以及其程式化的空洞的形式主義說教是一種格調的墮落，另一方面，又為布萊希特的選擇辯護。當然，這並不妨礙阿多諾在針對布萊希特的批評中強調現代藝術普遍的批判價值。在這裏，哈拉茲蒂進一步指出阿多諾的失誤，正是沒有清算布萊希特在御用背後所隱藏的享受特權的個人欲念。「歷史最終證明，」哈拉茲蒂總結道，「這種效忠與藝術獨立的理想水火不容。」

藝術的國有化，即使有著名的領頭羊，也不可能把所有的藝術家收編進去。這些藝術家常常被稱為「異議者」。哈拉茲蒂將異議的藝術家分為「天真的英雄」和「特立獨行的藝術家」兩種。御用藝術家深知要創造超越其容身的現有

體制的藝術是不可能的，在字裏行間偷運自由的信息純屬徒勞；但是，「天真的英雄」並不認為「自由」是不能實現的，他要掙破審查制度的「緊身衣」，拒絕自我審查。結果可想而知，他們的作品根本無法出版，或者作為藝術品被展覽，藝術家的專業執照被註銷，特權被廢除，天真的英雄為藝術界所唾棄。如果說，天真的英雄只是為美學世界所放逐，那麼，特立獨行的藝術家由於從根本上拒絕國家文化，因此一開始就被認定是政治上的敵人。顯然，這些特立獨行的藝術家的處境比天真的英雄要危險得多。

不要懷疑國家懲治他們的能力。最頑固不化的異議者，書中描述說，他將很快站到法庭上，審判會揪住他創造性工作的某個特定方面不放。更有甚者，國家安全部門將會找到他，讓他突然「蒸發」，完全悄無聲息。不過，縱使不曾被捕，異議者一樣無路可走，他們被排斥在官方文化之外。在孤立中，他們變得平庸，異議者與其他藝術家最顯著的差異終至消失。哈拉茲蒂還注意到一個現象是，統治者不時地讓他們中的少數得以進入正統文化。他說這種情況通常發生在他們身後，即有一些人被「重新發現」和「平反」。其實，在他們生前也同樣有機會見證改造力量的偉大。書中寫道：按照匈牙利人的說法，如果索爾仁尼琴住在匈牙利，他有朝一日會被任命為文聯主席。那樣，就不會有人寫作《古拉格群島》了；即使有人寫，索爾仁尼琴也會贊成將他驅逐出境。

問題是，那些特立獨行的藝術家卻甘願犧牲被同化的特權而犯法。這也是沒有辦法的事。

御用藝術家和異議者作家的分野是根本性的，鬥爭將會長期持續下去。時間是對他們及其藝術的唯一考驗。異議者作家的作品根本不能發表，他們為地下寫作，為未來寫作，他們對忠實於自己的藝術懷有信心。而御用藝術家因順從地接受教化而再也沒有能力創作任何不能發表的東西，他們已經被培訓成為有創意的行政人員，致力於維護國家的藝術機構，而不是藝術。

當然，在哈拉茲蒂看來，官方對有沒有產生真正的藝術是不在乎的，在乎的僅在於政權的鞏固。他在書中寫道：

> 藝術大廈就從這些國家設置的柵欄裏拔地而起。我們巧妙地在藝術宅邸裏改組家具。我們學習在規訓中生活，那是我們的家，是我們的一部分，不久我們將變得渴望它，因為沒有它，我們就無法創作。

大眾文化與藝術教育

圍繞着審查制度與御用藝術的生成，《天鵝絨監獄》還說到觀眾、讀者、大眾文化，以及藝術教育諸問題。

按照阿倫特的定義，極權主義會有兩個密切相連的部分，一是意識形態宣傳，二是有組織的群眾。哈拉茲蒂指出，

所謂「獨立的藝術」之所以成為不可能，就因為它沒有「獨立的觀眾」；相反，御用藝術所以能夠大行其道，成為主流，則因為它在「有組織的群氓」中擁有固定的受眾。御用藝術家幾乎不必要考慮他的聲譽和影響，是因為官方早已通過組織和意識形態宣傳，即所謂「洗腦」來為他羅致了大批的受眾。群眾充當社會主義藝術勝利者的神話，符合藝術家的利益；強大的民粹主義，對確保御用文化取得成功至關重要。

　　意識形態控制不論如何嚴密，都不可能遏制市場社會的形成。對此，哈拉茲蒂說是「商業時代」。這時，商品文化，大眾文化的出現是一種必然，以致人們用「流行文化」去稱說它。哈拉茲蒂認為，「御用美學中的大眾藝術從來都是保守的，它不可能是勇敢的、冒險的、革命的。」在審查制度變得日漸寬鬆的時候，這種大眾藝術完全可以劃歸「可容忍的藝術」而與御用藝術相安無事，可是，當它太過成功，也會遭到懲罰。理由是它畢竟偏離了意識形態的正統性，「認識價值」和「教育意義」不大，甚至有逃避「社會責任」的嫌疑。御用藝術家一致抗議，義正詞嚴地宣稱「被社會主義解放的藝術」不應淪為商品；實際上是擔心他們宣傳說教的作品——美其名曰「嚴肅的」藝術——在流行藝術的衝擊下失去往日大一統的市場。為了保衛意識形態的純潔性，保護為之搖唇鼓舌的御用藝術家，國家終至成為低俗的大眾文化的強有力的反對者。

其實，以娛樂至死為特徵的大眾文化有兩面性。它固然可以將貌似嚴肅的意識形態戲謔化，但是同時也可以「將屠夫的兇殘化為一笑」，消解主體意識、自由意識和反抗意識。薩哈羅夫（Andrei Sakharov）說：

> 在現代社會裏，思想自由面臨着三種威脅；一種是來自蓄意製造的通俗文化麻醉劑，一種來自膽小、自私的庸俗的意識形態，第三種來自官僚獨裁者的僵化的教條主義及它的得意武器——思想審查制度。

對待大眾文化的態度，大約因不同的政權或不同的時期有不同的針對性措施，但是，大眾文化的本性是逃避政治，這是無庸置疑的。除了被更新了的較為溫和的審查方式之外，盲目的、庸俗的，去政治化的大眾文化，同樣構成了監獄的「天鵝絨」。

為了確保御用文化的可持續性，極權國家對御用藝術教育的重視可想而知。除了大學的人文學系，還有作協文學院、文講所、藝術講習班，以及「文青」的各種組織活動，官方的相關機構都不會放過對於藝術後備隊伍的威嚇，誘惑灌輸和過濾使用。哈拉茲蒂描述說：

> 在國家社會主義中，沒有哪門專業逃得過入學限制條款。多數學生迫不及待地想要成為御用藝術家。在激烈競爭中，這些人將不再一意孤行地認為：是

才華使得他們成為藝術家。他們會露骨地宣稱，自己已經準備好了學習任何與專業無關的東西。

自由的藝術是不可能被教條化、技術化的，哈拉茲蒂也說：

惟有當專業鑒賞與政治忠誠密不可分時，藝術才可能在學校裏被教習。

在極權國家裏，藝術必須一體化，因此必要被教習；就是說，藝術家慣於見異思遷，故而必須事先在建築國家大廈所需要的磚塊的坯模裏成型。在書中，哈拉茲蒂就說：

從國家文化未來發展的角度看，至為理想的狀態，就是擁有一群將藝術技能和社會技巧，個人夢想和公共義務混為一談的專業藝術家。

這樣，御用藝術家和他們的大批後繼者挨挨擠擠地進入了一條愈來愈窄的通道，最後都來到了那個封閉而黑暗的大教堂中間。

《天鵝絨監獄》是一部關於斯大林時代及後斯大林時代的蘇聯模式的審查制度在匈牙利和東歐的演變史。哈拉茲蒂極言「新審查制度」對於建立御用文化的作用，對於改變現行的國家社會主義體制，骨子裏流露出一種悲觀情緒。即使他讚賞異議者的藝術，肯定它們潛在的價值，且看作是「國

家走向改革和放棄極權的徵兆」，但也不能不認為是「勇敢的自我毀滅行為」而「非即將到來的勝利的標誌」。哈拉茲蒂說一個「更寬容的時代即將破曉」，也是指統治集團內部的更替，而不是指極權主義體制的結束。可以認為，哈拉茲蒂對審查制度的最終無效性，以及支持這一制度的國家的虛弱性估計不足。我們現在看得很清楚，就是：在哈拉茲蒂這一著作出版後不足十年，這一制度便在一場突然而至的風暴中完結了。

監獄沒有了，留下的是天鵝絨。另一種天鵝絨。

2016 年 1 月 28 日

傳媒帝國的打造及其終結
——介紹《莫斯科的黃金時代》

　　蘇聯的存在幾乎跨越了整整 20 世紀。無論其崛起或覆滅，對於人類命運的影響，都是至為深巨的。

　　美國歷史學者克里斯汀・羅思－艾（Kristin Roth-Ey）於新近出版了一部研究蘇聯傳媒文化的專著《莫斯科的黃金時代》（*Moscow Prime Time*），以豐富的史料，展現了一個龐大的傳媒帝國從建造、擴張以至終結的全景。書中所敍，主要集中在二戰後，蘇聯與西方國家的冷戰時期。作者很少使用有關西方如何「遏制」蘇聯的材料，只是讓它作為一種背景出現，就是說，他不是採用對比式的寫法，而是突顯了蘇

聯方面在對立中積極回應以致主動進攻的咄咄逼人的態勢。落敗的結局似乎頗令人意外，然而又是一種必然，可以說，完全是自己搞垮了自己。而這，正是為蘇聯文化自身的方式、結構，極權化的實質所決定的。

在蘇聯，作為一個「宣傳國家」，政治是統率文化的，文化從來不曾創造權威，而是長期置於政治權威的操縱之下。所以，當政治體制一旦改變，文化也便隨之易色。《莫斯科的黃金時代》透過文化說政治，正如作者所說，他找到了一扇窗戶，便利於觀察蘇聯體制的運作及其最終的易碎、脆弱和瓦解的情形。

全面管控傳媒

一個依靠政治宣傳進行社會動員，發動革命並取得政權的政黨，在蘇聯成立之後，對於足以大幅度影響群眾的事物一開始便表現出高度敏感性。像廣播、出版、電影、電視等傳媒，無庸置疑地被視為維護政權的強有力的武器和工具而獲得重視，乃至以舉國之力促進其發展。同樣無庸置疑的是，它們自始至終被牢固地掌握在蘇共的手中。

列寧的話：「電影對於我們來說是最重要的藝術」成了最流行的口號，為大小會議和所有出版物所引用。這種近於欽定的地位，使電影迅速成為國家的強大的集團產業，在意

識形態授權、組織和推廣之下，國內參與電影的人數多達40億，堪稱電影大國。鑒於無線電廣播在二戰時的宣傳效果，蘇聯在戰後加速推廣「無線電化」。截至1955年，國內生產的收音機是戰前的數倍，十年後，每100人就擁有32台，可見增長速度之快。電視是後起之秀，其政治宣傳作用一旦為中央所重視，便獲得巨額的財政收入。至70年代，世界最大的電視中心奧斯坦金諾建成，這裏有世界最高的電視塔，而全蘇聯的電視機數量也是歐陸國家中最多的，世界排名第四，可以傲視群雄了。

在蘇聯，主要的現代傳媒都被集中化、標準化而調動起來，雄心勃勃地顯示了一種擴張性。對內，要統一全國人民的思想意識；對外，要輸出革命，抵制並消滅資本主義。為了實現如此宏大的戰略目標，就必須擁有一部龐大的宣傳機器，《莫斯科的黃金時代》稱之為「傳媒帝國」。

在這個帝國裏，集權化是最大的特徵。一切傳媒都必須由黨和政府控制，採取統一與等級的官僚化管理方式。在電影界，有所謂「國家訂單」，其實所有的政治任務都無非是這類訂單，充分體現了電影製作以及其他傳媒運作的本質。存在着一個評級體系，被鎖定在最高評級的國家訂單影片的製作人，可以獲得最高獎賞、榮譽、獎金，總之是體制內的最佳待遇。實際上，這個由上級控制的機制鼓勵所有的媒體人員向上爬，嚴格按照相關的規則行事，並且與實權人

物達致良好的關係；就是說，確保傳媒運作遵照意識形態及官僚的意志進行。

　　早在新政權成立之初，甚至在革命時期，就已經實行對文藝及出版物的審查，及至戰後，尤其在東西方冷戰形成期間，審查工作變得更為嚴密。以電影審查為例。一部電影，從製作到搬上銀幕，既是一個藝術流程，也是一個官僚政治流程。首先，導演必須在製片廠層級獲得對劇本的批准；接着，項目要遞交給加盟共和國級別的電影機構：國家電影管理局和加盟共和國中央委員會；再接着，導演將期待獲得國家攝影管理委員會的中央國家權威機構的批准，尤其是首要劇本編輯學院的批准。如果中央黨組織持有任何反對意見，那麼所有的工作都必須終止。中央委員會文化部的電影部對電影工業的所有方面進行最終控制，並且對所有其他機構的意見具有近似法官和陪審團的角色。然而，上述諸多程序還只是電影製作過程的最初階段。即便此前一路綠燈，也還有許多關卡：製作計劃的批准、演員的批准、劇本修改的批准、樣片的批准，等等。最重要的還有克格勃的監視和審查。此外，共青團、軍隊、衛生部或礦業部也都可能就影片的主題發表評論意見。最後階段，就是向國家攝影管理委員會提交一套電影拷貝，供內部放映並呈送高層領導人。而這些領導人的意見，對一部電影的命運而言是決定性的，完全有可能在整個過程都獲得批准，只在最後時刻被告知不被接受。

書中形容說，大多數電影製片人都遭到如此跳環般的折磨。有一位立陶宛導演執導的影片已經獲得維爾紐斯（Vilnius，即立陶宛首都）的權威們的全面支持，然而在第六次前往莫斯科後劇本才獲得批准，而所獲得的也只是「限制發行」的授權。著名導演塔爾科夫斯基（Andrei Tarkovsky）在日記中列出他的一部科幻劇《索拉里斯星》（Solaris，也譯《星球索拉羅斯》）被要求所做的 35 處修改。他寫道，如果「全盤接受這些修改的話（這是不可能的），影片就什麼也不剩了」。但他也只能私下裏說，這些修改是「荒謬」的。

納粹投降後，蘇聯曾從德國境內搜集了一批電影。斯大林為政治局成員制定了午夜定期放映的計劃。這些電影同樣經過中央委員會的審查，中央委員會就放映什麼影片，在哪裏放映，以及用什麼形式放映都給出明確的指示。中央委員會建議，所有「戰利品影片」都要配上「一段特別準備的旨在針對影片的內容正確引導觀眾的正義」和「仔細編輯的解釋性字幕」。所有影片的片頭字幕的系列鏡頭都被剪掉，換上新的片名字幕。此外，還在放映《人猿泰山》（Tarzan the Ape Man）之前，先播放一段以斯大林為主角的新聞片等頗具戲劇性的做法。

對於進口影片，蘇聯一直是審慎的。相關的文化官僚機構先對海外影片進行篩選，然後將拷貝寄給莫斯科的一個

專門委員會進行審查。這個委員會的成員來自國家攝影管理委員會、中央委員會黨組織、內政部，有時還有其他諸如克格勃、工會，包括「公眾」代表，諸如教師、作家等，然後作出附有建議的報告。直至 1965 年之後，每部西方電影的收購都需中央委員會秘書處的正式許可，由中央委員會做最後決定。如果西方影片有地方令人反感，可以隨意剪掉，有一部標準的兩小時長的故事片就被審查人員剪掉了 30 分鐘。當然，也可以對影片另行編輯，比如更改片名，顛倒鏡頭順序，將彩色片複製為黑白片，將從外國電影音樂中複製和翻錄的歌曲作為自己的歌曲，等等。

二戰後，英國廣播公司、自由電台、美國之音、德國之聲以及許多其他組織迅速向蘇聯廣播。蘇聯方面也即刻在「敵人的聲音」被獲知的地方用廣播信號加以遮擋，或者用干擾器予以抵制。到 1955 年，蘇聯用於干擾的費用比用於自己節目廣播的費用還要多。外國無線電廣播很受蘇聯聽眾歡迎，這就使蘇聯媒體文化不能不處於防守狀態。為了加強安全感，所有戰後的電台廣播節目都是提前錄製的，並且在錄製過程中接受電台內部編輯團隊以及中央檢查局的審查。克格勃在監控敵人的聲音方面發揮特別重要的作用，而且，它還利用自己的非公開的手段打擊敵人的聲音，從反間諜活動、暗殺直到造假。在蘇聯電台內部，克格勃也有自己的操作部署。

戰後的無線電廣播已經背離了蘇聯集體文化消費的傳統而轉為個人體驗，外國廣播推動了這種趨勢，使所有的個人收聽變得更加私密化。這是不能容許的。根據1949年廣播管理部門呈遞給黨中央的報告，幾乎所有國內生產的收音機都具有接收短波的功能，就是說，它不僅可以接收蘇聯的廣播節目，也可以接收外國電台的節目，用中央廣播領導人普茲恩的話說，那是致力於「對蘇聯和人民民主最齷齪詆毀」的節目。因此，他建議全面遏制短波收音機的生產。

　　蘇聯當局逐漸意識到對外國廣播干擾的無效性，認為電視可以轉移大眾的注意力，中央委員會在1959年的一項關於外國電台的命令便指出：「電視的發展及其節目的改善是限制人們接觸敵人宣傳的重要手段。」不過，對電視的重視，已在非斯大林化之後。這時，中央委員會幾次命令要求地方官員在電視方面發揮積極作用，並且特別要求他們要定期出現在熒屏上。由於蘇聯所有的媒體都植根於同樣的政治文化體制之中，因此，其管理模式也都大體相同。集中化管理使蘇聯電視獲得飛躍式發展，加以政治精英的參與，其地位很快凌駕於廣播之上。至70年代，終於迎來它的巔峰時刻。

　　對於現代傳媒，委實可以按照前現代的方式進行管理，但是，這些媒體就技術層面來說具有一種開放性，試圖使用封鎖、隔離的干擾辦法往往難以奏效，這就使得一個試圖統

一輿論的極權主義政體陷於防不勝防的境地，從而不得不接受改革。

所謂改革

1953 年，斯大林去世。接着，赫魯曉夫集團發動非斯大林化運動，從平反冤假錯案開始，實行有限度的改革。作家愛倫堡（Ilya Ehrenburg）的小說《解凍》（*The Thaw*）的發表是一個象徵性的信號，思想文化界出現明顯的鬆動。但是，要從一個禁錮已久的體制中解放出來談何容易。尤其是大眾傳媒，影響面廣，其改革勢必更遲緩，也更艱難。

在後斯大林時代，電影審查相對寬鬆，許多共和國在審查方面比中央更「溫和」。而且，體制內也剩餘更多空間，比如一部影片在某電影製片廠遭到拒絕，還可以到其他地方試試運氣。斯大林時代是「乏片時代」，影片的放行甚至由他一手掌握，1951 年，全蘇聯只發行了九部故事片。在斯大林的最後幾年，蘇聯僅有一種電影刊物《電影藝術》，沒有電影俱樂部，沒有電影節，也沒有重要的國外電影製作人代表團。由於後斯大林主義政權決定對外開放，推動「文化交流」，加以全球媒體網絡日趨發達，蘇聯電影實現前所未有的國際化。文化部從海外購買的電影，從 1955 年的 63 部到 1958 年的 113 部，在整個 60 年代一直維持在每年大約購

買超過 100 部左右的新片。文化交流還帶來了一股國際電影周和國際電影節的熱潮，這時在蘇聯的外國電影人比任何一個時期都多。蘇聯影片的產量也迅速擴大，截至 1956 年，每年製作一百多部新故事片，從 1960 年到 1985 年的年產量在 116 部到 151 部之間。至 60 年代不過短短幾年，蘇聯電影工業便已崛起成為世界頂級的電影出口國之一。

斯大林去世後，電影製作人發起建立了一個創意人士工會，並獲得赫魯曉夫親自批准，而斯大林是反對這種組織的。值得一提的，還有實驗創意電影製片廠的成立。這家製片廠是蘇聯政權成立以來首家也是唯一一家以取悅群眾為宗旨的製片廠。它的創始人格里戈利·查克萊曾是一名二戰授勳的老兵；在電影界聲名卓著，因此對政府當局有着非同尋常的影響力。他以「市場社會主義」的方式進行電影實驗，批評蘇聯電影體制「不斷地促使人們撒謊」，認為這是問題的災難性根源。實驗創意電影製片廠旨在根據影片的票房價值獎勵相關人員，事實證明實驗是成功的。在 1966 年至 1971 年間，這家製片廠的電影平均吸引 2,920 萬觀眾，而整個蘇聯電影的平均觀眾人數不過 1,730 萬。1973 年，國家攝影管理委員會成立了一個特別委員會，推動一項將實驗擴展到整個蘇聯電影工業的計劃；至 1976 年 2 月，又曾發佈命令，建議實驗創意電影製片廠的領導者應為「完成一項重大的政治任務」而受到褒獎。

《莫斯科的黃金時代》稱上世紀 50 年代至 70 年代是蘇聯看電影的「黃金時代」。這個時代有更多的影片，更多的影院，更多的觀眾。改革的一個非常重要的成果是，讓觀眾有權利對電影進行選擇。在西方商業影片的影響下，觀眾中出現「明星」崇拜，湧現出大量「粉絲」，形成一種與傳統的「英雄文化」大異其趣的大眾文化現象。從明星明信片到電影節，從電影刊物到進入電視，電影比此前任何時候都更為緊密地進入到蘇聯人的日常工作和家庭生活之中。這是具有政治、社會和文化維度的蘇聯電影經驗的轉變，它不但標誌着蘇聯社會環境的重要變化，而且反過來改變着原來的社會環境。姑不論發動改革的初衷如何，其結果，勢必擴大人們對自由和民主的需求；但因此，則有進一步突破意識形態固有規限的危險，構成對極權主義政體的挑戰。所以，當改革發展到一定程度時，體制內的反改革力量就會適時地集結起來，進行強有力的抵制。

從 50 年代末開始，蘇聯廣播電台的新聞報導的狀況有所改進。這固然與外國電台的外在壓力有關，但也同國內政治形勢的變化不無關係。1963 年，赫魯曉夫的非正式「新聞集團」的成員，廣播電視管理委員會的負責人卡爾拉莫夫在一次講話中強調與外國電台展開競爭的必要性，他說：

> 我們在這個問題上花費了如此多的資源和精力，而如果我們在廣播上花同樣多的資源和精力的話，我

們就不需要干擾了……人們為什麼收聽美國之音和英國廣播公司的節目？我們在這裏是有罪的……現在，我們的許多聽眾已經變得更有文化，受過教育，他們想知道許多事情，而我們卻隱瞞了所有這些。這樣下去，我們人為地激發了他們對外國廣播節目的興趣。

他認為，要解決這個問題，惟有及時報導一途。他說：「我們不應有任何一個事件的報導遲於美國，這是最起碼的。因為最先分析一個事件的人就是贏家。」於是，從50年代末開始，中央電台及地區電台給予新聞播報的時間都在不斷增加。1962年，還命令正式將電台劃定為信息食物鏈中的首個環節，即由中央新聞社塔斯社的報導必須先給電台，其次才是出版媒體，以確保報導的及時性。

再就是文娛節目。斯大林去世後，蘇聯音樂界在官方渠道之外發生一次噴發式活動，突然冒出一大批爵士樂隊，遍佈境內每個城鎮。這些本土樂隊在1957年的莫斯科國際青年音樂節中，同美國搖滾樂隊、英國鄉村爵士樂演奏者等一起表演，引起御用作曲家協會的憤怒譴責，致使黨的中央委員會對此隨即展開調查。60年代之後，爵士樂和搖滾樂可以在大學和工廠、賓館、藝術節，甚至廣場和電視上演奏。還有青年人無視中央對一些新型舞蹈和外國舞蹈的禁令，而只跳自己喜歡的舞。這些流行文化的東西，居然搬上了莊嚴神聖的廣播節目之中。

60 年代中期，出現了一種稱之為 VIA，或稱之為「聲樂組合」的演出團隊，在聲音和演出風格上是典型的搖滾樂隊，他們帶着電吉他，甚至還有長鬍子在蘇聯各地巡迴演出，贏得電台廣播的單曲冠軍，甚至出現在電視和電影中。這些經過合法註冊的團隊，在十年間就超過 15 萬個，發展速度相當驚人。

官方把它們視為西方流行音樂在蘇聯的衍生物，而極力加以阻拒。其實，這正是蘇聯青年一代在壓抑中的自由脈動，借鑒西方又絕非盲目模仿，是一種經由理性思考的富於創造性的行為。馬亞電台的出現也如此，它響應了當時的改革氛圍，與勃興的商業電影流行音樂具有某種內在的一致性。

新生的馬亞電台是明顯的異類，它以獨特的節目安排和服務方式區別於其他蘇聯媒體。一是創立 24 小時新聞播報，二是音樂以輕音樂為主，不是以「文化提升」為目標的嚴肅音樂。它被設置為：25 分鐘為各種音樂並且以輕音樂為主，然後是 5 分鐘的最新消息，每半小時不間斷地向全蘇聯播放。其中，音樂節目超過該電台所播放節目的 80% 以上。這種強調新聞和輕音樂的節目配置，確實代表了蘇聯傳媒文化的一次激進轉變，因此，不但遭到中央廣播電台的反對，而且很快陷入左派人士的批評之中，其中包括中央委員會和電台的主管部門。亞馬的創始人，同樣來自中央委員會的雅科夫列夫（Alexander Yakovlev）在後來的回憶錄中指出，正

是敵人的聲音的流行強行推動了改革，他説：「人們更喜歡聽外國電台，因為我們的電台大量播放的是『泡泡糖』和『崇高的廢話』」。他後來成為中宣部負責人，戈爾巴喬夫改革的設計師之一。

現場直播是電視藝術的精髓，是它真正的力量所在。可是，開始時蘇共領導人並沒有意識到這其中所隱藏的意在「揭示」的危險，而一群對電視懷有實驗和改革熱情的年輕的支持者卻在努力發揮電視直播所固有的優勢：親密感、真實性與自發性，創造出嶄新的節目，展現社會日常生活的真實面貌，成為日後提倡公民性和公開性的先聲。

VVV 就是這樣一個電視節目。它講述隨機性、在場性、娛樂性，隨時把一批普通人拉到攝像機前，完全不加挑選，不加修飾，要的是現實，是生活的原生態。1957 年 9 月 29 日的一次直播被稱為「事件」，電視台負責人描述説：

> 來的人酒氣熏天，衣衫襤褸，甚至還有人帶來一隻活雞，他們湧上舞台，呼喊，叫罵，連帷幕也被扯下來。不久，這群人被推下舞台捲入混戰，要出動警察維持秩序。為此，導演不得不切斷轉播，致使電視觀眾看到一個因「技術問題」而中斷的無聲畫面。

像這樣的群眾場面的鏡頭，蘇聯電視從來不曾出現過，因為它們從斯大林時代起，就被賦予了一種近於佈道的使命，所

以是訓誡式的，具有一種準宗教風格。VVV體現了「第二十次黨代會的孩子們」的歡樂和希望，以及創造性的計劃，因此被看作是「解凍時期」的一個象徵。

VVV之後，又有一個被稱為KVN的節目，名字的意思是趣味和機智俱樂部，於1961年11月首次播放。它從大約一個月度的節目演變為所有時間播放的最受歡迎的電視節目之一。KVN競賽除了在中央電視台播放外，也在地方電視台電視台播放，在學校、工廠，集體農莊和部隊，還有出租車司機和商店售貨員都有當地的KVN參賽團隊，甚至連蘇聯犯人都建立了參賽隊，上了電視節目。所以，有人以為KVN不只是一個節目，也是一種「生活方式」。與VVV相比，KVN一樣是即興式的，風趣的、娛樂的、某種程度上無厘頭的，但是它又是一個有組織的，有約束力的，是一個俱樂部，一個集體活動，具有諷刺時弊改善體制的宗旨。所以，作為它的一名年輕的編導會強調，KVN是「百分之百的宣傳」，而不是只有娛樂。這個節目，作為20世紀60年代人富於膽量和魄力的改革的典型而進入蘇聯的歷史記憶。

1968年，赫魯曉夫下台，蘇聯統治集團日趨保守。《莫斯科的黃金時代》寫道：電視廣播在60年代所表現出來的對個體的尊重，以及它對開放與政治和社會生活中的真誠，這些價值觀已經從一度獲得官方支持的一種默契中撤離。在

70年代，隨着斯大林主義一定程度的復原，政治控制的再度強化，早期電視的創新精神遭到扼殺，迎來了一段相當長時間的停滯以致倒退的時期，改革中剛剛出現的某些發展趨勢在很大程度上被迫從熒屏上消失了。

文化改革是政治改革的一部分。在政治體制和意識形態原封不動的情況下，不可能放鬆對文化傳媒的控制，就是說，任何文化方面的改革都只能是局部的，短暫的，難免以失敗告終。作者明確地表示了一個觀點是，在蘇聯，所有的改革都不曾從根本上觸犯體制，因此頂多是逮到了一個機會而已。

停滯或倒退

斯大林去世前後，蘇聯從政治領域到文化領域，確實產生了一些較為明顯的變化，但是在體制上仍然是連續一貫的。各種傳媒始終是等級分明且受中央控制的國家壟斷行業。雖然，後斯大林時代的嘗試式改革，使不同階層的人們在舊體制中得以較自由地發揮作用，可是，所謂「開放」是有限度的，只要當局説收回就收回了。在斯大林時代，誠如著名演員莫迪尤科娃説的，「恐懼深深地扎根」於每個人心中，後斯大林時代的恐怖依然存在，只是程度有所不同，因為審查機構騷擾和恐嚇不會在國家行業中消失。

1968 年「布拉格之春」──蘇聯對捷克的入侵事件──以後，為了防止內部的反抗──那時還沒有發明「顏色革命」一詞──而逐漸增強了意識形態控制，而且日漸嚴重。在勃列日涅夫（Leonid Brezhnev，也譯布里茲涅夫）時代，審查更為嚴格，那些被禁映的電影數量也增多了起來。作者總是把後斯大林時代與斯大林時代作比較，譬如說這時電影禁映的情形與斯大林坐在克里姆宮的電影院裏，每年由他掌握 10 部或 20 部電影命運的情形有着根本的不同。

　　另一種情況是對外開放方面，限制新影片的拷貝數量，尤其是美國影片。據中央委員會的調查員 1960 年的總結，整個國家的電影網絡已經「受到來自資本主義國家電影的相當大的滲透，並且導致廣大蘇聯人民的注意力都被吸引於那些遠離我們意識形態工作任務的、而且經常有悖於這些任務的主題和思想。」這個東方極權主義國家患有恐西方症，為了抵制大眾文化，這裏的官僚或官僚管理下的電影製作人總是誘導人們「安全」運作，即堅持蘇聯電影的傳統觀念：宣傳英雄而沒有「明星」和「粉絲」。宣傳健康且富有成效的偶像化而沒有危險的偶像崇拜。60 年代，電影產業進行了重新調整，放映了許多斯大林時代的「紅色經典」作品，1964 年力推《夏伯陽》（*Chapaev*），大力宣傳英雄主義。書中寫道：「電影院裏有如此多的灰色影片，是因為官僚、黨、政府幾乎給每部電影都放血，使它們失色。」

新的電影製作人工會與國家攝影管理委員會一道，提出系列改革蘇聯電影的提議。在 1966 年的一份提議中，否定評級體制，而主張引入與票房結果相聯繫的有限的物質獎勵。然而作者寫道：

> 改革者的熱情只是曇花一現，政府選擇再次通過擴大和清理電影官僚機構，以及增強黨的監督來加大控制力度。

這個過程同時在其他大眾傳媒領域中進行。國家攝影管理委員會儘管做了一些整頓秩序的工作，仍然得不到克里姆林宮的新主人的滿意，而面臨更多的清理措施：其中一種提議是設立電影部，像斯大林時代那樣；政治局也在考慮解散所有的創意工會而用一個單一組織取而代之，以便更好地管理知識分子。

到了 1976 年，有名的實驗創意電影製片廠——60 年代改革運動唯一倖存者——宣告解散。它是作為一個培養顛覆的基地而被關閉的。這家製片廠的編劇康查洛夫斯基認為，製片廠是「修正主義的巢穴，地下刊物和煽動叛亂的溫床」。他說，早在 1968 年真正的實驗創意電影製片廠就已經完結了，當「坦克碾過布拉格的時候，同時也向全世界表明了實驗如何終結」。作者寫道，七年後，在改革的全面進展中，電影製作人會引用實驗創意電影製片廠的故事作為一個實

例，說明一種無能而又褊狹的官僚機構曾經如何束縛了電影的發展。

廣播和電視同樣無法擺脫現行體制和官僚機構的束縛。比如馬亞電台，即便它在廣播節目及播放方法方面已經作出許多新的嘗試，蘇聯的信息等級制度仍然可以阻斷它的根本性改革。它明顯要比國內其他媒體的報導更及時，卻無法同英國廣播公司、美國之音等外國電台進行競爭。馬亞電台即便就在莫斯科，要等待批准時是無法搶先報導一則新聞的，即便電台的工作人員在播報國際新聞時不想落後，仍然不斷發現自己處在回應敵人已經搶先播報的狀態，而且，還得擔心引起對那些聲音和信息的更多注意而不敢回應。蘇聯媒體文化被定義為一種自上而下的教育事業，所以，堅持價值觀始終擺在第一位，而無暇顧及滯後性問題。一檔節目就是一個文化事件、一個政治事件，甚至可能是一個社會事件。廣播中的內容愈重要愈帶有威脅性，如果出現口誤，將會有人被辭退。馬亞電台本來可以大有作為，實際上，它並沒有給蘇聯媒體的改革實踐帶來更重要的改變。

70 年代的蘇聯電視進入所謂「拉平時代」。國家廣播和電視委員會主席拉平與他的前任更多地借鑒外國經驗不同，他的國際立場更具防禦性，更注重內部王國的掌控和擴展。他強調說，「我們必須協調一致來支持黨的路線」。1988 年，一位前電視專業人士表示說，拉平時代的電視是一種克里姆

林宮的「宮廷」電視，拉平扮演了首席朝臣的角色。作者分析說，在五六十年代的蘇聯電視中，政治精英還不算唯一重要的演員，至少不算最活躍的演員，70年代卻充當了電視的政治監護人。拉平在解僱編導負責人福金時，明確說：「我們對你的觀點以及任何其他人的觀點都不感興趣。我們只有一個觀點——中央委員會的觀點。」

在拉平時代，確實提供了更多的娛樂節目，這種做法，不過借娛樂以迎合大眾，或者分散大眾對社會問題的關注，如此而已。像拉平這樣的官員，骨子裏頭是傳統主義者，他們不可能放棄蘇聯電視的模式，在此模式下的電視依序作為政治動員、文化提升以及娛樂的手段。在改革中出現的VVV和KVN節目先後被取消，相關編導人員被撤職，甚至傳出主持人被捕的謠言都不是偶然的。在沒有任何官方解釋的情況下，觀眾推論就是當局發現節目太具有政治威脅，被強行取消反映了官方對其不可控制的擔心。所以，作者說：「馬戲表演從未戰勝過政治教育和文化提升，即便是在拉平時代。」

早期蘇聯電視以分散化為特徵，五六十年代電視台熱情支持者以多方艱苦的努力發掘電視的潛能；而到了拉平時代，權力再度集中，意識形態協同作用，成功地顛覆了最初創新發展的局面。這時，這些年輕的開拓者發現，蘇聯電視已不是他們的蘇聯電視，他們的熱情消失了，他們會說，

根本不是真正的電視。全書通過描述拉平時代的蘇聯電視結束，至此，作者總結道，「蘇聯電視最終證明是媒體時代蘇聯文化的顯著面貌。」

蘇聯的媒體是一體的。

70年代以後，即使在電視方面崛起所謂的「拉平時代」，貌似「中興」，其實蘇聯傳媒文化從整體上的衰退局面已不可挽回，其標誌性的現象，就是原來由意識形態所賦予的理想主義和英雄主義，其中的教育性、動員性、鼓舞性日漸衰減，最後竟然無法喚起普通人們的興趣。作者寫道，無論電影廣播或電視，蘇聯人顯示出了對歐美的當代公共服務廣播概念的親近，儘管政治語境截然不同。

經過冗長的停滯時期，蘇聯來到了戈爾巴喬夫時代。這時，以公民為導向的節目從廣播和電視中爆發出來，被扼殺的五六十年代作為一種「原公開性」的東西開始復活。作者在前言中寫道：

> 鐵幕一旦被揭開從而使蘇聯人民得以瞥見其他的選擇，那麼它的崩潰就只是一個時間問題。

1989年，時間到了。蘇聯不復存在。

對於蘇聯經驗，作者以房屋為喻，說：蘇聯文化既沒有坍塌失重，也沒有形成向心力而成功應對整個體制。直

到 80 年代末蘇聯政治體制開始瓦解時，其文化結構並沒有能力動員建設者、戰鬥者或者守衛者。隨着連接文化與大眾動員和蘇聯意識形態宏大敘事之間紐帶的鬆懈，蘇聯文化無法像過去大家想像的那樣發揮作用。為什麼？它的失敗，很大程度是因為：它長期以來一直向人們提供的體驗世界的方式，與實際存在着的更廣闊的政治規則毫無聯繫。然而，從 20 世紀 50 至 70 年代一直處在與斯大林時代有着相同屋頂和門牌的同樣的屋子裏的蘇聯文化，無論如何為製造和使用文化的人們提供了一種關於居住的經驗。所以，作者說：「蘇聯文化的構成是最成功的失敗。也是非常好的失敗。」

2016 年 3 月

見證：一個人的鬥爭史
——關於《曼德施塔姆夫人回憶錄》

　　上世紀90年代初，我曾邀約幾位翻譯界的朋友，編譯了俄羅斯詩人曼德爾施塔姆（Osip Mandelstam）的隨筆集《時代的喧囂》（*The Noise of Time*），後來還出了增訂版。與此同時，我在《散文與人》叢刊首次發表了娜傑日達·曼德爾施塔姆（Nadezhda Mandelstam）回憶錄的斷片，及後又在《記憶》和《人文隨筆》叢刊上陸續選發過多章。我的手頭握有萬寧先生的部分譯稿，一直希望出版，惟因多次聯繫版權未果而終至放棄。因此，及見劉文飛先生新譯《曼德爾施塔姆夫人回憶錄》面世，不覺有一種邂逅故人般的驚喜！

大凡經歷過「文革」的中國人，對於本書，我想都會像我一樣渴望閱讀，並且能夠作出同情的理解。比較之下，我們可以知道，迄今為止關於文革一類著述是何等的蒼白乏力，與「史無前例」的時代是很不相稱的。

曼德爾施塔姆夫人的回憶錄共有三部，目前出版的中譯本是第一部，也是最有分量的一部。第一部主要回憶曼德爾施塔姆於 1934 年至 1938 年兩次被捕期間兩人的共同生活，其中不曾涉及堪稱中心的政治事件，只是將曼德爾施塔姆的詩歌寫作與死亡過程作為主要線索，把眾多日常生活和社會生活的碎片連綴起來。但是，這是一幅巨大的鑲嵌畫，其中不但有高級官員，有知識分子，還有眾多有名和無名的小人物穿插其間，展現出一個畸變的社會結構的複雜而又單一的網絡；他們的行動和活動，體現着一個極權國家的實質。視界開闊，結構宏偉，顯示出惟俄羅斯婦女所特有的男性氣魄。全書以敘述為主，間發議論，其深刻的批判性，也都非常富於男性的氣質。這些被稱為「文學政論」式的文字並非出自理論的推演，乃是根源於個人的生存經驗，對周圍生活的觀察與沉思，因此又不失女性的特有的切實、細緻、精確的感受力。

1958 年，正值曼德爾施塔姆去世二十周年之際，遺孀娜傑日達在莫斯科遠郊的一個小鎮上開始回憶錄的寫作。其

時，中國的反右運動剛剛結束。回憶錄最早發表於赫魯曉夫時代最大膽的地下文學刊物《塔魯薩之頁》上，1970年在紐約公開出版。那時，中國的紅衛兵運動和歐美的學生運動同時退潮。直至1995年，回憶錄才在俄羅斯本土面世。而此時，蘇聯已經蕩然無存，而曼德爾施塔姆夫人也已去世十五年，無從目睹這具長期威嚇她的龐然大物的覆亡了。

一個充滿革命性的詩人為革命所捕殺

曼德爾施塔姆是俄國的白銀時代阿克梅詩派[1]（Acmeism）的代表性詩人。繼同派詩人古米廖夫之後，他從十月革命的遺孤變做了斯大林主義的犧牲品。

1918年，曼德爾施塔姆與契卡特工發生衝突，被迫前往克里米亞和高加索等地，還曾先後被紅、白雙方的軍隊所逮捕，20年代初始返莫斯科。1933年，他寫了一首據說是影射斯大林的詩，次年又開罪於當時蘇聯文壇的重要人物阿·托爾斯泰（Aleksey Nikolayevich Tolstoy），於1934年5月被捕，判處三年流放。在流放地切爾登，他曾自殺未遂，

---

1 阿克梅詩派主張以緊湊的形式和清晰的表達作為詩學理念。

後改為流放沃羅涅日。1937 年 5 月，他結束流亡生活返回莫斯科；次年再次被捕，並流放至蘇聯遠東地區，年底死於海參崴附近的集中營。

在一個極權政體中，曼德爾施塔姆註定找不到自己的位置，而且必死無疑。娜傑日達這樣說：「為捍衛詩人的社會尊嚴而鬥爭，為捍衛詩人的說話權利和堅持自我立場的權利而鬥爭，這或許就決定了奧‧曼整個生活和寫作的一個基本傾向。」但是，在國家壟斷了話語權的地方，這樣的人「就不是一個正常人，而是舊時代的有害產物，文學中的多餘人」。

布羅茨基認為，曼德爾施塔姆的詩歌美學本身就是叛逆的，因此「那把旨在對整個俄國進行精神閹割的鐵掃帚才不可能放過他」。事實上，曼德爾施塔姆是傾向革命的，當然這是「以大寫字母開頭的革命」，真正意義上的革命。娜傑日達不愧為曼德爾施塔姆的精神伴侶，她在書中特別強調指出：

> 他那些遠道朋友沒有看出他身上的革命性，把他的生活看得過於簡單，忽視了他的一條思想主線。如果沒有這種革命性，他或許便不會介入事件的進程，不會用價值標準去衡量這一進程。完全的否定能給人以苟且偷生、隨機應變的能力。曼德爾施塔姆卻

不善此道，他的生活一如其同時代人，而且同樣抵達了這種生活的邏輯結局。

曼德爾施塔姆確認他的「平民知識分子身份」，對革命的拯救力量和重建力量的信賴是非常自然的。可是，當因革命而崛起的新政權蛻變成為「特殊的強權世界」，眾多文學團體和作家成為「新世界」的擁護者而紛紛加入齊聲合唱時，他不能不起而揭露「血腥的土地」之上的現實，抨擊「官方文學」。從本質上說，這正是他的革命性所在。然而知識分子是脆弱的，他也有猶豫退縮驚慌失措的時候，娜傑日達在回憶錄中特別列舉了他一度撰文批判阿赫瑪托娃——「他唯一可能的盟友」——的例子。然而，他畢竟是「文明之子」。在一場場的政治運動，在消滅富農運動[2]、葉若夫（Nikolai Yezhov）恐怖時期，以及戰後的種種措施中，他很快恢復了視力，深知自己為何孤身一人，珍重自己的孤立而堅持與時代相對峙。結果，一個充滿革命性的詩人為革命所捕殺。

曼德爾施塔姆一生中的最後幾年受盡折磨。根據「十二城之外」的判決，有十二座城市不對他開放；三年過後，失去七十多座城市的居住權，接着全部失去。流放期間，由

---

2 消滅富農運動是蘇聯 1929-1932 年的政治迫害運動，包括逮捕、發配和處決數百萬名生活條件較好的農民和他們的家庭。

於失去工作，他們夫婦倆過的是一種近乎乞討的生活。在監獄裏，他被關進單人囚室，遭到毒打，強光燈照射眼睛，剝奪睡眠，還要接受多種虐待，如給吃鹹東西而不給水喝，穿「拘束衣」等等。他身體羸弱多病、哮喘病、心臟病都得不到治療，後來還得了精神疾患。單人囚禁是容易得精神病的，據我所知，在中國，王實味、胡風、林昭，直到張志新都是如此。後來胡風在關押期間，官方讓梅志也像娜傑日達那樣隨夫生活，這種待遇在文革時期應當算是優容的了。

所謂「隔離」，不僅限於活動空間，還包括思想空間在內。30年代的蘇聯文學界本來已經是萬喙息響，沒有交流和爭論；像曼德爾施塔姆這樣的流放犯人居然要享受思想自由，豈非白日作夢。娜傑日達大約深受曼德爾施塔姆的影響，也把精神需求看得同物質一樣重要，書中在提到曼德爾施塔姆極力搜求別爾嘉耶夫（Nikolai Berdyaev）和其他幾位同時代人的著作而一無所獲時，她說：「不幸的是，被孤立的我們與各種思想均失去了聯繫。這是一個人所能遭遇的最大不幸之一。」

每個人都將成為原子式的個人，如果有條件活着的話。曼德爾施塔姆的境遇在知識分子中可謂典型。書中報告說：「命運總是如此：奧·曼可以與之交談的每一個人最終都難逃厄運。」接着總結道，「這意味着，新型知識分子在新的強權世界中仍無地位。」

國家的亞述性質：監控、鎮壓與恐怖

1987 年，曼德爾施塔姆被徹底平反；1991 年曼德爾施塔姆誕辰一百周年被定為「曼德爾施塔姆年」。但是，所有這些，無論對於曼德爾施塔姆或是其夫人來說，都已經失去了意義。對於這個體制的受害人來說，如何作出賠償確實成為一個問題。然而，娜傑日達在回憶錄中從來不曾鳴冤叫屈，因為事情在她那裏只有善惡之分；如果說她有所希望，無非是在曼德爾施塔姆生前如何免受刑罰，而不是在身後恢復名譽。在中國，經過「肅反」、「反右」和「文革」等多次政治運動，曾受迫害的知識分子則是習慣於使用「冤假錯案」一類字眼。娜傑日達不是這樣。

對於曼德爾施塔姆的個人遭遇，娜傑日達從一開始就認為是政治體制以及立足於階級鬥爭的各種政策造成的，因此是無可避免的。曼德爾施塔姆本人持同樣的看法。雖然作為一個「等待者」，天性中有着天真、輕信的方面，但是，在政治上仍然有他清醒和獨到的地方。娜傑日達在回憶錄中說，曼德爾施塔姆首次發現蘇聯國家的亞述[3]本質。他是將亞述和古代埃及當作與人敵對的生活結構的例證來看待的，

3　亞述（Assyria）是興起於美索不達米亞（即兩河流域，今伊拉克境內幼發拉底河和底格里斯河之間）的奴隸制國家。亞述人在古代歷史上活動時間約有二千年。後來亞述人失去了霸主地位，不再有獨立的國家。

就是說，這樣的國家只是利用人作武器和工具，齒輪和螺絲釘，而不是為了人，不把人當人。回憶錄又說，當時最使他感覺不安的就是政黨組織，他認為，政黨就是教會的翻版，只是沒有上帝而已。「社會主義國家形式的宏大並未讓他眼花繚亂，反而令他心生恐懼。」他在 1937 年初寫給丘科夫斯基（Korney Chukovsky）的信中說：

> 我的一切都遭到剝奪：我生活的權利，工作的權利，治療的權利。我被當成一隻狗、一隻劣等狗⋯⋯我是一個影子。我不存在。我只有死的權利。

他確信，他始終逃不掉國家的鎮壓。無論在流放的途中，還是暫時恢復了自由，這種死亡的預感都在糾纏着他。

按照階級鬥爭的理論，早在 1917 年開始，就把人劃分為兩種：「自己人」和「異己者」。當時，就有了「異己分子」的稱謂；後來又出現「壞分子」一詞，範圍更廣泛，什麼問題都可以算在他們頭上。中國在 50 年代有「五類分子」一說，其中就有「壞分子」，而「右派分子」作為一種政治特產是後來才加上去的。我還看到另外一說，說「壞分子」一詞出現更晚。不過，今天看來，這類考據學已經無足輕重了。

誰的人？敵人還是朋友？這是革命的首要問題。回憶錄說，如果是「自己人」，就會獲得保護、縱容和獎賞，而「異己者」將被根除。曼德爾施塔姆不能留在莫斯科的理由，

就因為有「前科」。回憶錄說，前科是一個純粹的蘇聯概念，前科就是一個烙印，終生背着它的不僅是被判刑的人，而且還有他們的家屬。其實說「前科」惟蘇聯所特有是不確的，在中國，它相當於「文革」前的「歷史問題」一詞。在文革，我們看見那些被批鬥、遊街的人，脖子上掛的牌子就有「歷史反革命」，以區別「現行反革命」，這就是前科。回憶錄又說，為了掩蓋前科，人們往往儘可能地為自己杜撰虛假的履歷。但是，曼德爾施塔姆寫作反動詩的手稿已經進入檔案室的「卷宗」，而這個喜歡喧鬧的人，又把據說諷刺斯大林的詩篇向多達 14 個人朗誦過，「人證」自然也就有了。

「階級鬥爭」被弄得非常詭譎，形勢瞬息萬變。所謂「自己人」並非世襲，也並非終身，甚至有可能在轉眼之間跌入「異己者」的範圍。蘇聯最高國民經濟委員會委員布哈林（Nikolai Bukharin）曾經出面減輕對曼德爾施塔姆的懲罰，但本人很快便變為「人民的敵人」而遭到處決。這種劇變倒過來又影響了曼德爾施塔姆，他最後一次被捕，罪狀之一就因為在抄布哈林的家時抄出了他寫給布哈林的信和他親筆簽名的贈書。

關於蘇聯的肅反，一般把時間定在 1937 年，其實早在 20 年代初即已開始。恐怖的氛圍籠罩全國，進入每個家庭，佔據着每個人的大腦和心靈。可以說《曼德爾施塔姆夫人回憶錄》整部書都在述說恐怖。對於一個極權國家來說，恐怖

乃是其政治文化、道德和社會心理的最富於特徵性的概括。
「我們全都是羔羊，任人宰割，或者甘為劊子手畢恭畢敬的
助手，因為我們不願步入羊群。」娜傑日達說，

> 意識到自己孤立無助，力量和意志均受束縛，這種
> 感受控制着每個人，既包括被殺者也包括殺人者，
> 無一例外。我們為體制所壓迫，我們每個人都曾以
> 不同方式參與建造這一體制，可我們結果甚至無力
> 作為消極抵抗。我們的服從使那些積極為這一體制
> 效勞的人能夠為所欲為，一個罪惡的空間得以形成。

這樣的生活空間讓他們成了「準地下工作者」，見面小聲
說話，警惕地盯着四壁，看有無鄰居竊聽，或有沒有安裝
竊聽器。所有人互相監視，彼此均不信任，他們不得不懷
疑每一位朋友都可能是告密者。任何一個單位，尤其在高
校，都有國安系統的人。這些人還在不斷發展外圍勢力，
培植職業告密者，大學生受命監視教師是平常的事。即使
在家庭裏也不見得安全，不可能始終不戴面具；自家的熟
人同樣要反覆掂量，從中尋找「地下工作者」、告密者和叛
徒。在回憶錄裏，整個國家似乎患上了「偵查狂躁症」，每
個階層都感染了不同的「恐怖病」。體驗恐懼，成了同時代
人最可怕的刑罰之一。

娜傑日達發現，無論曼德爾施塔姆和她走到哪裏，身
後總有盯梢的人。為了擺脫困境，他們不能不到處「找人」，

即我們慣稱的「走後門」。雖然也有極個別的朋友施以援手，但是更多的時候是兩手空空。在一個告密成風的社會裏，人們為了保全自己，避之惟恐不速也就不難理解了。

回憶錄寫道：

> 大恐怖就是一種恐怖行動。為了讓整個國家陷入一種持續不斷的恐怖狀態，就需要讓犧牲者的人數達到一個天文數字，就要在每個樓道裏都清除幾個人家。在被鐵帚掃過的家庭、街道和城市裏的剩餘住戶，一直到死都會甘做模範公民。

要做「模範」，就得順從，不反抗，不添亂。書中說，自1937年以後，人們實際上已經停止互相見面了，當局成功地削弱了人們之間的聯繫，整個社會被割裂開來，所有人只會躲進自己的角落沉默不語，惟其如此，統治者的特權才得以持續不變。

知識分子「普遍投降」

極權主義體制把領袖推到一個絕對的高度，君臨一切。在納粹德國，有一個流行的口號是：「一個主義，一個政黨，一個領袖。」在蘇聯，斯大林代表黨，黨代表人民，這是天經地義，無庸置疑的。娜傑日達在回憶錄中指出，統治者及其集團不允許任何人覷覦他們的權力，介入他們的事情，不

允許任何人擁有自己的判斷。這個體制需要借助一元的、嚴酷的社會秩序和紀律來實現統治者的政治意圖，而基礎則是對權威人物的絕對服從。

娜傑日達把自由思想稱為「人道主義最鍾愛的孩子」，由於它對權威構成威脅，因此必然變成「新思想」的犧牲品。所謂「新思想」，即是新型的國家意識形態。它自稱擁有絕對真理，為政黨和領袖的政治思想壟斷行為辯護，把人為的階級鬥爭和政治運動，把日常化的批鬥、審查、關押、流放以至肉體消滅等論證為社會穩定的需要，美化恐怖統治。據說全國已經進入一個新時期，它鼓吹所有人要做的，就是服從歷史的必然性。娜傑日達多次揭露「歷史決定論」的危害性，認為它使人們喪失個人意志和自由判斷，進入被催眠的狀態，它表明這個國家中的一切將永遠不會改變。不可思議的是，人們對此竟也信以為真，自動作出響應，有如共同犯罪那樣連結為一個整體：名聲不好的人、被拉下水的人和被嚇破了膽的人，總之受到傷害的人愈多，體制的擁護者便愈多，他們同那些既得利益者一樣，都希望這個體制能延續數千年。

相反，娜傑日達一直希望改變體制，這也正是她給赫魯曉夫以較高評價的原因，因為他實行了人道主義的改革，雖然是有限度的改革。她看到，最高層常常更替，「臉黑的」銷聲匿跡，「臉白的」取而代之，隨着名字的更換，整個生

活方式和管理風格也會發生變化，但是仍有「某種東西」把所有這些階段連結到一起。而這種東西，正是現行體制所以維持不變的本質。

知識分子本來是價值觀念的立法者和闡釋者，而今已為國家意識形態部門所取代。迫於新的形勢，知識分子不能不對價值體系進行反覆評估。書中多次使用「價值重估」一詞。它包含兩種完全不同的意義，或者向善，或者作惡；或者有所發展，或者轉向自我毀滅。娜傑日達對革命前後的青年知識分子抱有好感，大約因為他們懷有單純的革命動機，是理想主義的一代；自30年代起直到斯大林去世，這些知識分子繼續幹着同樣的事情，但是動機已全然不同，不是企圖獲取實際的好處，得到獎賞，就是因為恐懼。她指出，這是知識分子「普遍投降」的時期。對此，她表示無法知道，他們在未來的考驗中能否恢復獨立性，能否堅守並捍衛真正的價值。

為什麼知識分子會普遍投降呢？回憶錄寫道：

> 使所有人在心理上趨於投降的原因即害怕陷入孤獨，害怕置身於一致的運動之外，甘願接受那種可運用於一切生活領域的所謂完整、有機的世界觀，相信眼下的勝利堅不可摧，相信勝利者會永坐江山。但最主要的一點，還在於這些投降主義者內心的一無所有。

失去良知，缺乏信仰，沒有責任感。知識分子只要失去批判的意識和能力，就將助長現代專制主義的肆虐。

由於曼德爾施塔姆的關係，娜傑日達對蘇聯作家的生活及精神狀態特別熟悉。她觀察所得的結論是：「就其瘋狂和墮落而言，作家有時勝過所有人。」她對高爾基似乎沒有什麼好感。高爾基位高權重，我在別的書刊中看到過他營救其他作家的材料，但他並沒有幫助曼德爾施塔姆，反應冷漠，甚至充滿敵意。書中有一個細節說，30年代物質困難，發給作家的購買憑證由高爾基核准。有人去求高爾基賣給曼德爾施塔姆一條褲子和一件毛衣，高爾基劃掉「褲子」二字，說：「沒褲子也能行……」法捷耶夫（Alexander Fadeyev）自殺後，其國內似乎頗有爭議，因為他在遺囑中對過往的表現作了懺悔。可是，在娜傑日達筆下，法捷耶夫是一個十足的兩面派人物。她用了「同謀」整整一章記敍與法捷耶夫的兩次會面，見證朋友對他的印象：既冷酷又易動感情。這個蘇聯作協的權力人物，可以一面對作家報以親吻和含淚道別，一面又批准對他們的逮捕和極刑。曼德爾施塔姆被捕之後，帕斯捷爾納克是除了阿赫瑪托娃以外唯一的一個到家探望娜傑日達的人。他曾為解救曼德爾施塔姆向斯大林求情，但是非常膽怯，電話中不敢正面承認與曼德爾施塔姆的「友誼」，也不敢充分肯定曼德爾施塔姆的詩歌成就。曼德爾施塔姆雖然朋友不少，但是除了募集有限的一點錢物之外，於自身命

運的改變並沒有實質性的幫助。在作家同行中，對曼德爾施塔姆施行試探、告密、騙取手稿，以及其他各種卑鄙手段者卻大不乏人。曼德爾施塔姆最後一次被捕，同樣出於同行的叛賣；他想不到所求助的斯塔夫斯基會誣告他，將密信直達內務人民委員葉若夫那裏，讓他永劫不復。

這就是文學界的現狀。所以，後來當有評論吹噓阿謝耶夫、柯切托夫等人如何同個人崇拜作鬥爭時，娜傑日達則予以堅決反駁。要知道，任何有關知識分子的神話，都是對現存秩序的美化。她說：

> 我可以作證說，我的熟人中沒有一個人進行過鬥爭，人們只不過是在竭力躲藏起來。那些沒有失去良心的人正是這麼做的。要想這麼做，也需要真正的勇氣。

1956 年，蘇共二十大剛剛開過，娜傑日達在時隔二十年之後走進作協大樓，去見蘇爾科夫（Alexey Surkov）。她說蘇爾科夫愉快地接待了她，同時她發現，周圍許多人都認為對歷史的反思會相當深入。對此，她批評說：「樂觀主義者們沒有考慮到由斯大林體制預先埋下的那根彈簧所具有的力量，即舊體制罪行的大批參與者們的合力抵抗。」她使用「彈簧」的出色比喻，意思是說，改革隨時可能反彈回來。

作為非常時代的倖存者，娜傑日達對整個知識界的態度是悲觀的，甚至是取消主義式的。她說：

知識分子階層的任何一個特徵都並非他們獨有，它同時也屬其他社會階層，比如特定的受教育程度、批評思維以及隨之而來的憂患意識、思想自由、良心、人道主義……這些特徵如今顯得尤為重要，因為我們已經目睹，隨着這些特徵的消滅，知識分子階層自身也將不復存在。

記憶與保存：一個人的戰爭

20世紀是一個死亡的世紀。除了毀滅肉體生命之外，還掩埋了大量的歷史真實，扼殺了正常的思維，無數富於真理性的精神創造。記錄和思考原本是知識分子的事，但是都被他們放棄了，遺下的是一個「聾啞和失語的時代」。就在知識分子風行草偃的地方，娜傑日達，這個被布羅茨基稱為「世紀的女兒」站了起來。繼十二月黨人的妻子們之後，繼蘇菲亞們之後，她主動承擔起一個記錄者、見證者、思想者，一個獨立知識分子的角色。

在跟隨曼德爾施塔姆流放的四年間，娜傑日達四出奔走，進出警察局，打零工，向朋友「乞討」，照顧丈夫的生活和疾病，處理一切日常事務。其間，還有一個至為重要的工作，就是極力擺脫「一種自然的毀滅力量」，千方百計保存曼德爾施塔姆的詩。這時，詩成了危險品。除了仔細照看

詩人的手稿之外，她還得親手抄寫幾遍，然後將不同的抄本縫進枕頭，藏進砂鍋和皮鞋裏，以防抄家，或者分送給朋友收藏。由於擔心紙稿被抄走，保管者們在恐慌時刻把詩稿扔進火爐，記憶就成了她的一個附加的保存手段。她把曼德爾施塔姆的所有詩作都背了下來，《第四篇散文》就倒背如流；在紡織廠值夜班的時候，她一邊照看機器一邊背誦詩句。曼德爾施塔姆的大部分作品，就靠着娜傑日達如此頑強的意志和韌長的努力保留了下來。在回憶錄中，她自豪地表示説：「這便是我的鬥爭史。」

曼德爾施塔姆是一位偉大的詩人，他不但屬俄羅斯，而且屬全人類。他的詩，是現代世界文化最優秀的部分；而他的遭遇作為重要個案，已然進入蘇聯歷史，成為其中摧人心魂的一章。娜傑日達對曼德爾施塔姆及其作品的意義有着充分的認識，就是説，她致力於記憶和保存的工作，就不僅僅為了曼德爾施塔姆，正如她所説：

> 我有表達意願的權利，因為我一生都在捍衛一位逝去詩人的那份詩作和散文。我並非履行一位遺孀和女繼承人的庸俗權利，而是一位黑暗歲月的同志所擁有的權利。

所謂「庸俗權利」，就是把自己局限於個人溫情的泥沼裏。娜傑日達已自覺超越私人範圍而及於全社會黑暗的暴露

和審視，從而使回憶錄具有一種崇高的品格。首先要記住，咬緊，狠狠地咀嚼，然後傾吐出來！她說人在痛苦時必須大聲嚎叫，決不能沉默，而沉默是「真正的反人類罪行」。

記憶和保存是一場戰爭，長久的戰爭，始終沒有援軍的一個人的戰爭。當對手為極權主義的國家體系，面臨的是秘密警察和意識形態的強大而嚴密的包圍，一個人容易失去堅持的勇氣。所以，娜傑日達說她害怕在步入未來時會失去歷史見證人的陪伴，因為她發現，「無論是在集中營內部還是鐵絲網外面，我們全都失去了記憶」。但是，她也同時發現仍然存在另外一些人，他們自一開始便決心保全性命，以使自己完成作為見證人的使命。她讚美說：「他們是真理的無情捍衛者，他們被無數的苦役犯所淹沒，但是堅忍不拔。」

但當對手轉換為後極權主義國家，控制相對鬆弛，恐怖有所淡化，這時，同樣存在喪失記憶的危險。究其原因，未必完全是勇氣問題，也有可能來自歷史的惰性和虛無主義傾向。娜傑日達寫作回憶錄時，非斯大林化時期已經開啟，她指出，學校教育仍然停滯在斯大林時代。「最可怕的是，我們的學校提供的是一種不完整的教育，而在教育程度不高的人群中總是更容易滋生出法西斯主義、低級民族主義乃至對一切知識分子的仇恨。」她說，「我們給他們的是斯大林式的教育，他們獲得的是斯大林式的證書。因此，他們自然要捍衛那張證書帶給他們的種種特權，否則他們便無路可

走」。顯然，斯大林時代的遺產已經構成國家資源的重要部分。她關注青年一代在新時期的變化，特別是精神狀態和道德立場，指出他們對歷史不是一無所知，就是沒有興趣，或者根本無法理解，竟至於跟統治者一樣力求穩定，害怕變動。她說：「他們的理想，就是一輩子靜靜地坐在計算機前，從不思考他們的計算有什麼用。他們說：『千萬別再鬧革命了……』」一個被異化了的「革命」弄得家破人亡流離失所的人，對革命依然懷抱敬畏之心，而毫無「告別」之意。這種對革命的態度，老實說，是我私下對作者最為敬服的地方。

我接觸到的有關蘇聯的個人回憶錄不下幾十種，這些書基本上分為兩類，一類作者是政治家，寫的是政治和政治人，如《赫魯曉夫回憶錄》、雅科夫列夫的《霧靄》；一類是文藝家所撰，內容是文化和文化人，如愛倫堡的《人‧歲月‧生活》，像《曼德爾施塔姆夫人回憶錄》這樣的很少，作者是普通婦女，而寫的是與她和曼德爾施塔姆生死攸關的蘇聯的全部現實，包括政治、文化與社會，包括政治人、文化人和普通人，眾多底層人、邊緣人、流放犯與苦役犯。是政治恐怖抹去了所有人物的身份，所有生活的形相，而呈現為清一色的可怕的大黑暗。這是一部「黑夜史」。如魯迅所形容的，由於作者「有聽夜的耳朵和看夜的眼睛，自在暗中，看一切暗」，所以，在《回憶錄》中，能剝去掩

飾的面具和衣裝，揭示隱藏的真實，能把穿透黑暗的信念、意志和光明的希望——哪怕是微茫的希望——傳遞給世上所有需要的人們。

2013 年 10 月 25 日

索爾仁尼琴和他的陰影

2008 年 8 月 30 日，作家索爾仁尼琴在莫斯科辭世。

世界各大通訊社和報紙報導了這個消息，猶如報導一艘巨輪在伏爾加河突然沉沒。在莫斯科，前往弔唁的民眾並不算多，且多為中老年人；不過，政府當局是重視的，時任總統梅德韋傑夫（Dmitry Medvedev）和總理普京（Vladimir Putin）都出席了葬禮。在俄國歷史上，似乎沒有哪一位知識分子作家，能像今天的索爾仁尼琴這樣享受國葬般的待遇。

索爾仁尼琴的著作，最早的漢譯本，當是作家出版社 1963 年 2 月出版的《伊凡·傑尼索維奇的一天》（*One Day in the Life of Ivan Denisovich*）和 1964 年 10 月出版的短篇

小說集，屬「黃皮書」一類。三卷本《古拉格群島》(*The Gulag Archipelago*) 由群眾出版社於 1982 年出版，當時，版權頁上一列清清楚楚印有「內部發行」的字樣；前年（2006）重版，版權頁仍然註明：「內部發行」。

《古拉格群島》全書結構宏大、厚實、沉重，而且真實得可怕，堪稱一座獻給時代全體受難者和受害者的紀念碑。1945 年間，索爾仁尼琴因在通信中表達對斯大林的不滿，結果在前線被捕，度過長達八年的勞改生涯。據他所述，《古拉格群島》的資料來源，除了個人的勞改營經歷以外，還包括了 227 人的口述、記憶和書信在內。從卑瑣的日常生活到繁博的圖書學上的依據，索爾仁尼琴在書中展開蘇聯境內勞改營、監獄和邊地歷時四十年的奴隸苦役的全景。他不但記錄了苦役犯肉身勞作、經受各種折磨直到被徹底消滅的實況，而且描畫了眾多靈魂在壓力和苦難中遭到嚴重扭曲的情形；不但揭開了高牆鐵網下的秘密，而且因為國安部的全面控制，縱橫密佈的「下水管道」的相關性，深入到極權社會的廣大層面。在似曾相識的敘述中，他讓我們看到，恐懼是如何使背叛、告密和說謊成為一種生存方式。無論在勞改營，還是在機關、學校和家庭，無論是犯人還是「自由人」，都逃不過同一命運的懲罰。「古拉格」是蘇聯國安部轄下「勞改營管理總局」俄文字母的拼音縮寫，但從此，便成了一個專有名詞，一個代表，一種象徵，正如奧威爾《1984》中的「老大哥」一樣。

1970年，索爾仁尼琴被評為諾貝爾文學獎獲獎者。在獲獎演說中，他說：「一句真話要比整個世界的分量還重。」他又在回憶錄中坦承道：「我一生中苦於不能高聲講出真話。我一生的追求，就在於衝破阻攔而向公眾公開講出真話。」可以說，正是說真話，構成為他的著作的全部重量。

　　在正常社會中，講真話只是一個道德問題，但是，在警察國家裏則首先是一個勇氣問題。索爾仁尼琴是有勇氣的。他的「講真話」，便迥乎不同於別樣的作家，僅限於憶述禁錮時代與私人問題相關的某些具體行為、對話、場景，根本不想去觸及社會制度的真實的本質。而索爾仁尼琴，他集中加以暴露的，惟是蘇聯社會中「非人的殘暴統治」，大量的反人權、反自由、反人類的現象，種種暴力與謊話，與現代極權制度的核心部分密切相關的事實。他講的真話，涉及國家犯罪，最高統治集團犯罪；惟是這種合法性犯罪，才有可能導致罪惡的擴大化。所謂「真話」，除了真誠，就是真實和真理。真理是不承認任何權力與權威的，這樣，說真話本身便意味着一種唐吉訶德式（編按：指只按理想行事而不顧現實）的挑戰，以及由此帶來的風險。不存在風險性的真話，是沒有社會價值的。

　　《古拉格群島》有一個情節，寫高爾基的索洛維茨島之行。索洛維茨島是蘇聯著名的勞改營地，在這裏，犯人受到

非人的虐待，凍死、炸死、燒死是常有的事，還曾發生多起逃亡事件。逃犯在國外著書揭露島上種種劣跡，當然這是有損於蘇聯形象的誹謗了。政府當局讓剛剛回國的高爾基上島考察，目的是利用他的證詞，對那些攻擊性言論進行駁斥。海燕來了！島上的所有犯人簡直像期待大赦般地期待高爾基的出現。他們以為他可以堅持正義，可以管教一下管理者，讓他們肆虐的行為有所收斂，可是，怎樣也意想不到他會順從克里姆林宮主人的意志，以至無視他們的存在。在兒童教養院，一個14歲的男孩子花了一個半鐘，把島上的一切告訴了他。他聽了，老淚縱橫，一副悲憤的樣子；等到他登船離岸，男孩子就被槍斃了。然而，這位文壇領袖，社會主義現實主義文學的奠基人，是無需為這些負責的。他做了一個漂亮的轉身，然後發表文章，稱索洛維茨島的犯人生活得很好，改造得也很好。

群島頭一項大工程是開鑿溝通白海和波羅的海的白波運河，這項工程，是由斯大林親自下令安全部頭子雅戈達執行的。索爾仁尼琴寫道：

> 斯大林需要的是在隨便什麼地方搞一項由犯人施工的大工程，它將吞噬許多勞力和生命，具有毒氣殺人室的可靠性，但比它便宜，同時又可以留下一座屬他的朝代的金字塔式的宏偉的紀念碑。

運河於 1931 年冬開工，至 1933 年夏竣工，在不足兩年的時間內，死掉了 30 萬人。是年 8 月，120 名作家集體遊覽了運河，事後由 36 人組成寫作組，在高爾基的領導下，趕製了一部《斯大林白海—波羅的海運河修建史》（*The I.V. Stalin White Sea–Baltic Sea Canal*）。這部集體撰寫的歷史著作，居然以毫不含糊的口氣，宣稱：運河施工沒有死一個人！

即使高爾基在十月革命後寫過《不合時宜的思想》，營救過不少作家和知識分子，然而如此的粉飾太平，也是不可以原諒的。一個優秀的作家為什麼會給斯大林唱起肉麻的頌歌來的呢？索爾仁尼琴用了最低下的動機——物質欲——進行解釋。他認為，高爾基為了獲得更大的聲譽和金錢，就必須坐定全國作家協會的頭一把交椅，接受一切附帶條件，自願充當斯大林和雅戈達的俘虜。

政治高壓可以培養忠順的奴才，也可以造就反抗的奴隸。迫害的絕對性，使人於無路可走之際不得不面對自我，依賴自我而無須怯懦。除了《古拉格群島》之外，索爾仁尼琴有影響的作品包括《伊凡·傑尼索維奇的一天》、《第一圈》（*The First Circle*）、《癌病房》（*Cancer Ward*）等，都屬「勞改營文學」。他與高爾基走的是兩條完全不同的道路。他逆風而行。

在索爾仁尼琴獲得諾貝爾獎之後，文學界有一種議論，認為這是冷戰的產物，於是用意識形態的大棒扼殺作家應有

的道德良知，甚至因此否定索爾仁尼琴作品的文學價值。文學，一個最基本的特徵，就是用內心體驗的語言建構的。索爾仁尼琴的作品，不但廣闊而精細地描述了人間最底層的監獄生活，人類最深重的災難，而且對於暴政下的災難，迄今還沒有一個作家像他這樣懷有刻骨銘心的仇恨和痛苦。然而，他並不曾因此而對人類失去信心，他還讓我們看到，在那些瀕臨絕境的人們身上，依然保持着美好的人性，充滿愛欲、悲憫與柔情。

在極端的年代裏，索爾仁尼琴創造了一種苦難美學。

堅持與政府作對的立場，肯定吃不到好果子，只好到處碰壁，直到被置於萬劫不復的境地為止。

索爾仁尼琴不是不知道「言論自由」、「出版自由」是寫上憲法的謊言，但是，事關無可數計的被害者和死難者的集體記憶壓迫着他，使他無法靠說謊過日子，安然享受一個公民的被賜予的「自由」。他最反感於一種所謂「不要翻舊帳」的論調，而把個人寫作看作是對有意或無意的遺忘的抵制；他認為，寫作必須忠實於記憶，何況這些記憶中的事實並沒有成為過去，作為現實的連體，仍直接威脅着人們當下的生存。這個明確而堅定的寫作觀念，從一開始，就決定了索爾仁尼琴的作品有別於幾乎所有登場扮相於官方出版物的文學的特異的品質。

因為政府是慣於說謊的，所以「說真話」的行為本身是反政府的。這樣的作品，在現行出版制度中根本無法出版。中篇《伊凡·傑尼索維奇的一天》所以能夠發表，是因為這樣的「受迫害的文學」與當時的「非斯大林化」的形勢正相契合，得到最高領導人赫魯曉夫特別批准的緣故。僅此一篇，幾年後也遭到了公開批判。他開始躲避克格勃，躲避熟人和朋友，甚至躲避編輯，尋找偏僻的地方寫作，把寫好的手稿卷成筒狀塞進空瓶埋進菜地裏，或拍成微縮膠捲藏進書籍的封皮內，或分成多件交朋友保存，以至轉移到國外。他說過，《古拉格群島》的書稿，就從來不曾集中在一個地方存放過。他自稱是「地下作家」，他不能不藏匿自己。即使如此，仍然逃不過克格勃的眼睛。

《第一圈》被抄走了。其他一些手稿也被抄走了。他想到隨時可能被捕，壓抑、痛苦抓攫着他，這個頑強的漢子還曾一度想到自殺。幸而勞改營生活磨煉了他，使他終於從內心的黑暗中走了出來：

> 我在流放地受到教育，並且留下了永恆的印記。當我決定重要的生活方面的問題時，我首先是諦聽我流放的同志們的聲音。一些人已經亡故，死於疾病或者被處決。我忠誠地傾聽，看他們處在我的地位該如何去做……

……這一生我感受到自己是從下跪的狀態漸漸直起腿來，我是由被迫緘默到逐步自由地說話的。

　　記憶拯救了他，地獄底層的生活拯救了他。他從地下來到了地面。

　　他給作協發出公開信，要求「取消對文藝創作的一切公開和秘密的審查制」，「保障作協會員免受污蔑與非法迫害」；接著，他參加了物理學家薩哈羅夫發起的「人權委員會」，從此成為著名的「持不同政見者」之一；再接着，提出他的政治綱領，發出《致蘇聯領導人的公開信》。他當然清楚地知道，他的公開的叛逆性行為會招致什麼後果，可是，他確實不堪忍受如此接連不斷的沉重的迫害了。他要做一個人，而不是永遠的囚犯！他要把自由奪回來！把一個人的尊嚴奪回來！他在公開信裏說：「人類之不同於動物界是因為人類有思想和語言。思想和語言自然應當是自由的。如果對思想和語言加以禁錮，我們就要蛻化為動物。」

　　如果每個人都能獲得自由的思想和語言，如果每個人都能成為人，奧威爾的「動物莊園」如何可能維持呢？

　　就在索爾仁尼琴為自由、人權和社會正義加緊鬥爭的時候，當局出手了。他們根本不能容忍一個為國家所掌控的小小作家可以擅自把作品拿到國外出版，可以輕易地跑到斯德哥爾摩領取大筆獎金，可以自恃一文不值的文學才華對政府說三道四；在把索爾仁尼琴開除出作協，並迫使他放棄領

取諾貝爾獎金之後，緊跟着，就像驅逐一條狗一樣地把他驅逐出國。

真正的英雄，正在於與絕境相抗爭，所謂「困獸猶鬥」，而不在凱旋的輝煌時刻。出國，對索爾仁尼琴來說是一個轉折點；但也不妨說，至此他已然達至人生的頂點。

一旦遠離俄羅斯，索爾仁尼琴便失去了大地，猶如巨人安泰一樣無能為力。他失去了對手，失卻固有的壓力，這就使得一個勇士的精神處於失重的、混沌的、懸空的狀態。一個人，當他喪失自由時，自由感可以變得更強烈；而在獲得自由之後，對自由的焦渴自然緩解，原先敏銳的感覺也便隨之鈍化了。可以設想，有的人是為苦難而生的——雖然這個說法有點殘酷；事實上，具有苦難氣質的人適宜在憂患中生活，來到平安的環境，反而會因精神的過分鬆弛而癱瘓。

索爾仁尼琴在國內禁止發表的作品，全部都在西方面世；在國內被驅逐出來，是西方接納了他。當他來到美國，並獲得「美國榮譽公民」稱號之後，卻立刻把矛頭從蘇聯極權社會那裏掉轉過來，直指美國和西方。

不是說西方不可以批評，知識分子由來便是說「不」的人，問題是，為什麼批評？用什麼樣的尺度批評？索爾仁尼琴否認自己是僑民、流亡者，堅持認為今天人類歷史的關鍵惟是俄羅斯。他有大俄羅斯情結，是典型的斯拉夫文化優越論者，像古代的聖愚一樣，強調俄羅斯民族自身的傳統，

強調「東方精神」，批評西方文化是墮落文化，宣佈西方民主陷入嚴重危機，美國即代表了「荒唐胡鬧的民主制度」，又說西方的現代技術是「虛偽的神道」，是「罪惡之源」，西方流行音樂是「鐵蹄下滲進去的污水」，等等。他斷言：「人的性格在西方被弱化了，而在東方得到了強化。我們經歷了精神上的鍛煉，這種鍛煉比西方的經驗要強得多。」為了取得一種對西方的優越感，他不惜省略了整個國家為此「鍛煉」所付出的巨大代價。總之，他整個地否定西方經驗，否定英法革命的政治遺產，否定近世的普適價值。桑塔格（Susan Sontag）批評美國本土，其激烈程度並不稍遜於索爾仁尼琴，但是當説到索爾仁尼琴時，她的評價是：「他對西方一無所知。」

別爾嘉耶夫多次説到俄羅斯精神的矛盾性。發生在 19 世紀俄羅斯知識社會中的「西方派」和「斯拉夫派」的鬥爭，其實就是這樣一個東方大國的民族精神的內在矛盾的體現。他以陀思妥耶夫斯基（Fyodor Dostoevsky，也譯杜斯妥也夫斯基）為例，説：

> 俄羅斯民族的自我感覺和自我意識總是這樣：要麼狂熱地否定整個俄羅斯，完全摒棄家園和故土；要麼狂熱地肯定整個俄羅斯的特權地位，而這時，世界上所有其他民族就都屬低等民族。

他批評陀思妥耶夫斯基，說這樣優秀的人物也同樣缺乏一種「堅定性」，缺乏完全成熟的、獨立的民族意識，在他身上感覺到的是「俄羅斯民族精神的病態」。說到「愛國」的病態，索爾仁尼琴當然要比陀思妥耶夫斯基嚴重得多。

作為一個堅定的「俄國人」，索爾仁尼琴一直隱居在美國佛蒙特州的一個據說有着俄羅斯風光的小鎮裏。他曾一度應邀做過一些反西方的演講，在遭到普遍的拒絕之後，便息影於公共空間，埋頭從事《紅輪》（*The Red Wheel*）——一部關於 20 世紀俄國和蘇聯歷史的著作——的寫作。1991 年，蘇聯解體。1994 年，索爾仁尼琴終於應總統葉利欽（Boris Yeltsin）之請返回了久違的俄羅斯。

從美國搭機飛抵海參崴，然後坐進英國廣播公司為他包租的車廂，橫穿西伯利亞，經過七周的時間才回到莫斯科。被逐到西方，從東方返回。索爾仁尼琴所以選擇這條獨特的返回路線，據說是為了更直接地接觸苦難中的人民。然而，比起去國時，索爾仁尼琴的身份已經從一名作家晉升為政治文化明星了，用中國的老話來說，大有「衣錦還鄉」之概。在給他單獨加掛的車廂裏，配有專門的廚師和侍者，英國廣播公司的攝製組如影隨形，攝像頭忙個不停。所到之處，人潮洶湧，鮮花如雲。官方出動大批警察保護他的安全，一如保護國家首腦，待遇是很特殊的。

索爾仁尼琴自我感覺好極了。他要充當先知，精神領袖，據統計，當時有48%的人願意選他為總統。他到處訪問，

發表演說，接見記者，做電視節目。頭一年，他在電視上露面的頻率在國內名人中位居榜首。

然而，很快地，俄羅斯社會對他不感興趣，尤其在知識界。大概這同他發表的政見陳舊、保守、毫無新意有關。

他推崇宗教、國土、俄羅斯祖國三位一體，反西方的觀點是一貫的。對於蘇聯解體，他多次表示不滿，認為這是「西方陰謀」，是向西方，尤其在美國面前「下跪」的結果。他大談「愛國」，就是愛「大俄國」，強調「只有愛國主義才能凝聚起俄國人民」。在國會演講時，他宣揚的就是「大俄國」的觀念：恢復俄國的大版圖，兼併烏克蘭和哈薩克，或者至少「統一」原蘇聯領土北部的一半。因為在俄羅斯以外的其他共和國中，居住着很多俄羅斯人，所以要保護俄羅斯在這些國土上的利益，包括俄國文化和語言。他批評戈爾巴喬夫「對國家權力的輕率放棄」，批評葉利欽「支持分離主義」，「使蘇聯分崩離析——這讓蘇聯人長期奮鬥形成的歷史功績蕩然無存，使俄羅斯在國際社會上的地位急劇下降，而這一切都令西方國家叫好」。1998 年，在他八十大壽時，斷然拒絕接受葉利欽頒授的聖安德列動章。

但是，這個行動並不表明一個知識分子的真正獨立性。2000 年和 2007 年，俄羅斯總統普京兩次登門拜訪，至 2007 年頒給他國家榮譽獎章，他都欣然接受了。他所以接受普京，就因為普京在反西方化、中央集權以及重建神聖俄羅斯

等方面，與他的政治觀念相契合。雖然他曾長期關注個人在社會中的「主角」地位，但是又同時強調「民族精神的凝聚力」；他承認「國家理念」是一個不明晰的概念，但是又認為這是一個「有用」的「統一的思想」。在會見普京的時候，他表示說，現在賦予市政機關愈來愈大的權力，他是一直支持的。他駁斥西方對普京「專制」、「反民主」的指責，以及關於「俄羅斯的言論自由受到壓制」的說法，認為「目前新聞傳播基本上是自由的」，「沒有感到什麼壓力」云云，使用的是衛道者的語言。他極力為普京辯護，讚賞普京「提出了正確的目標：強大的俄羅斯，加強俄羅斯的統一」。

俄羅斯知識分子由來反對國家組織，別爾嘉耶夫總結說，他們「像害怕污穢一樣害怕政權」；但是，在民族問題上，卻普遍存在大俄羅斯主義傾向。19世紀俄國政府在東亞細亞，高加索等地區的擴張戰爭，他們是不關心的；對於波蘭嘗試脫俄獨立的行動，他們基本上持敵視態度，連普希金、托爾斯泰、陀思妥耶夫斯基也無不如此。蘇聯在意識形態及社會實踐方面，延續了沙皇俄國的大國沙文主義、反猶和排外的歷史。知識分子及普通民眾即使詛咒極權主義，也仍然希望有一個強有力的外在權威，維護他們的偉大的祖國。

這種雙重信仰，顯然保護了專制主義的文化傳統，使現存制度中的反民主傾向也因有了合法性的精神外衣，而得

以順利地擴展。在復活俄羅斯主義的統一行動中，東正教起着極其重要的作用。在歷史上，東正教一直宣揚服從國家，以此加強專制統治及自身的世俗權力；它構成了愛國、團結、穩定、和諧，作為俄羅斯特性的重要部分。索爾仁尼琴是不承認蘇聯歷史與傳統的政治文化資源有任何聯繫的人，所以說，他是國家正統意識形態的當然繼承者，正如他聲稱自己是一個「正教徒」一樣。

他說，他花了五十年時間研究蘇聯的革命歷史，若是簡要地概括造成「災難性革命」的主要原因，就是：「人們忘記了神」。一個挑戰神壇、毀壞神像的人，以同樣的雙手製造神像，包括神化自己。在俄羅斯歷史上，這樣的知識分子並不鮮見。

另一位「持不同政見者」，索爾仁尼琴當年的盟友薩哈羅夫早就指出，索爾仁尼琴身上有一股權力主義氣味，說他的大俄羅斯民族主義是「完全從半官方宣傳武庫裏出來」的東西，帶有冷戰時期進行的那種「臭名昭著的軍事愛國主義說教」的味道；甚至暗示說，他突出地宣傳斯拉夫文化優越論，與斯大林的做法遙相呼應，值得警惕。同樣作為「持不同政見者」的麥德維傑夫（Roy Medvedev）也批評索爾仁尼琴的宗教性的俄羅斯文化優越論，認為如果推行的話，將有蛻化為專制神權國家的危險。

索爾仁尼琴一生的戲劇性的結束，是由普京和他攜手謝幕來完成的。從勞改犯、「地下作家」、「持不同政見者」到「國寶」級人物，我們意想不到一個知識分子角色會作出這樣的轉換，索爾仁尼琴本人也當始料未及的。然而，這一切回頭看起來又是如此自然。

知識分子從本質上來說，就是自由知識分子，或可稱為反抗知識分子。如果去除了反抗，去除了獨立自主的意識，去除了自由選擇，而僅使個人性從屬權力關係，自我約束以適應於現存秩序的邏輯，那麼，自由將從知識分子身上自行剝離開來，從而從根本上改變其性質。對於索爾仁尼琴，薩哈羅夫有一個評價說：「在我看來，儘管索爾仁尼琴的世界觀存在某些錯誤，但是在當代充滿悲劇的世界上，他仍不失為一個為捍衛人類尊嚴而鬥爭的巨人。」這個評價是包容的，有所側重的，到底可接受的。在反抗暴政方面，索爾仁尼琴確實表現出了過人的勇氣，而且直到最後，仍然堅持調查當年專制的罪惡，像德國清算納粹一樣追究迫害者的罪責；但是，無庸諱言，他的錯誤也是致命的。應當看到，無論對於文學世界還是整個社會，索爾仁尼琴的貢獻都是偉大的。他的人道主義，他的權力主義，他的光輝，他的陰影，給予我們的都一樣多，一樣彌足珍貴。

2008 年 8 月

赫塔‧米勒：帶手絹的作家

「你有手絹嗎？」

——赫塔‧米勒（Herta Müller）諾貝爾演說

　　有誰，在思想言論受到嚴密監控的國家裏，甘願選擇寫作為業？當政治寡頭集團用民主的泡沫把一個專制國家掩蓋起來，對外吹噓如何穩定團結富足美好的時候，有誰敢於充當國家公敵，手持小小筆桿，試圖戳破彌天的謊言？當一切已成歷史，誰還堅持咬住黑暗的尾巴，竭力將罪惡拖曳到世人面前，接受正義的判決？

赫塔・米勒。

米勒出生於羅馬尼亞西部巴納特地區的尼茨基村。這是一個德裔聚居地。據說她在公開場合並未説過她是羅馬尼亞人，或者德國人，而是自稱為巴納特人。顯然，她對作為異鄉人、邊緣人的身份是敏感的。二戰結束後，羅馬尼亞置於共產黨管治之下，巴納特的日耳曼等少數民族，長期遭受種族主義政策的歧視和迫害。米勒的父親在二戰時曾經做過黨衛軍軍官，母親在二戰後隨同地區的大批青壯年被強迫驅往蘇聯勞動營，共達五年之久。這樣的家庭，在極權統治下，定走不出恐懼和屈辱的陰影。

在大學期間，米勒學習日耳曼文學和羅馬尼亞文學，並開始練習寫作。由於她同幾位德裔青年，其中包括後來成為她的丈夫的華格納（Richard Wagner，也譯瓦格納）一起組成文學小團體「巴納特行動小組」，從此，秘密警察盯上了她。

她畢業後在一家製造廠任翻譯。第三年，國安局找上門來，要她當「線人」，遭到她的拒絕。她説：「我沒有幹這種事情的德性！」她為此付出的代價太大了，不但失去了工作，而且深為國安局製造的關於她是「告密者」的謠言所傷。她沒有當眾做出解釋的權利，於是，她在絕望中拿起了筆。

對米勒來說，寫作就是證詞。

在很長的時間裏，她找不到職業，身無分文，債台高築，甚至每天晚上不知道吃飯該買什麼充飢。其實，對於一個活在精神世界裏的人來說，物質的匱缺還不是致命的威脅。她的命運已經完全攥緊在國安局的手心裏了。她一直被監視、被監聽、不斷的騷擾，甚至製造交通事故、綁架、提審、踢打，種種心理戰術，使她根本無法忍受。她感覺到，真實的情況不會為人所知，居家時，每樣東西都爬滿陰影，跟蹤無孔不入。這種情況一直延續至被驅逐移民為止。

今年（2009）7月，米勒在《時代報》上發表文章，表達對羅馬尼亞政治現狀的看法，文中這樣述說她往日在大街上被捕，並遭秘密審訊的情形：

> 在我去理髮店的途中，一個警員護送我從一面薄薄的金屬門走進居民禮堂的地窖。三名穿便服的男人坐在桌子前，其中身型細小、瘦骨嶙峋的是頭子。他要求看我的身份證並且說：「好了，你這婊子！我們又在這裏碰面了！」我從沒見過他。他說我與八個阿拉伯學生發生關係，以換取緊身衣和化妝品。但我根本不認識阿拉伯學生。當我這樣告訴他，他回答說：「如果我們要找的話，我們可以找到二十位阿拉伯學生作證。你看，那樣足夠開一場大型的審訊。」他反覆把我的身份證扔到地上，我彎腰去撿

拾，這樣大約有三四十次，當我的動作漸漸變得緩慢，他瞄準我的背部一腳踢過來。從桌子盡頭的門口背後，我聽見女人尖叫的聲音，也許那是錄音帶發出虐刑或強姦的聲音，我希望吧。然後我被迫吞下八隻煮得爛熟的雞蛋和加了鹽的青蔥。我被迫跪了下來。那個瘦骨嶙峋的男人打開金屬門，把我的身份證扔出去又從後面踢了我一腳。我一頭跌進灌木叢後的草堆裏，接着開始嘔吐。我沒有猶豫，拾起身份證立即飛跑回家。在街上被拉走比傳召更恐怖。沒有人會知道你在哪裏，你會就此消失，無法再露面，或者像他們早前所威脅的，你會被拉入河裏，變成一具溺死的屍體，而死因是自殺。

在一個被監控的國家裏，米勒，她想到了自殺。在一篇題為《黑夜由墨水造就》的訪談裏，她說她為自殺與否的問題想過很長時間。她說：「我根本不想死，但是我也真的再也忍受不下去了。我曾經非常想活下去，但我完全不能按照自己的意願活着，因為再也沒有屬於自己的安寧了。」

對米勒來說，寫作就是在恐懼中尋求內心的安寧。

1987 年，她移居德國，可是並沒有從夢魘中解放出來，依然生活在早已離開的「獨裁者」的領地之內。在柏林二十年，自由而喧鬧的大街對於她顯得那麼陌生。她坦承道：「對我而言，最壓迫、最令我難以忘懷的經歷，便是生活在獨裁

時期羅馬尼亞的那段時間。生活在數百里外的德國，無法抹去我過往的記憶。」她不絕地訴說着緣於極權、壓迫、恐懼的生活經歷，她的主題一直沒有改變，致使德國人認為，儘管她身在德國，儘管她的母語是德語，她仍然是羅馬尼亞人。

對米勒來說，寫作就是對抗遺忘。

在德國，甚至整個西方世界，以米勒這種塊根般深入地下的寫作狀態，不可能為更多的人們所知，所以，當瑞典學院宣佈將 2009 年度的諾貝爾文學獎授予她的時候，會引起一片驚詫。獲獎的理由，恰恰是人們所忽略的，因為她孤獨；她「以詩歌的凝練和散文的坦直，展現出無家可歸者的景象」。

在羅馬尼亞，她出版短篇小説集《低地》(Nadirs)，這部處女作遭到審查機關的瘋狂刪減，像「箱子」這樣的詞也不能保留，因為容易令人聯想到「逃亡」。兩年後，她只好將全稿偷運到德國出版。《低地》透過小孩的眼睛，揭開羅馬尼亞鄉村的真實面貌。其中，農民的殘忍、政權的暴虐，都是以她的成長經歷為依據的。她又發表了《暴虐的探戈》(Oppressive Tango)、《今天我不願面對自己》(小説英譯：The Appointment)、《人是世上的大野雞》等小説，所敍都是秘密警察、逃亡、移民、死亡，專制政體下的日常生活：強迫性、壓抑、荒誕、絕望。

到了西柏林以後，她發表《赤腳二月》（*Barefoot February*），小說交織着戰火和死亡的陰影，納粹黨衛隊的形象活躍其間，作者以隱晦的形式把過去和未來連結起來，表達了個人對極權與暴力的恐懼。她接着出版小說《獨腿旅行的人》（*Traveling on One Leg*），寫一位年輕女性在國外流亡的過程，表現一種情感危機，以及對故土的懷戀。1992年，她發表《狐狸那時已是獵人》（*The Fox was ever the Hunter*），以詩性的語言描述專制鎮壓的恐怖。《心獸》（*The Land of Green Plums*）講述的是四位大學生的遭遇，他們在極權統治下，找不到繼續活下去的理由，或者自殺，或者被謀殺，但始終弄不清兩者之間的界限，死亡本身始終不曾透露死亡的過程。最有名的，是今年（2009）8月出版的新作《呼吸鞦韆》（*The Hunger Angel*）。這是一部關於勞動營的書，是她同奧斯卡・帕斯提奧（Oskar Pastior）等人一起尋訪當年蘇聯的勞動營之後寫作的。故事寫的是二戰結束時，在戰爭中曾與納粹政權合作過的德國人在斯大林統治時期所受到的非人對待。在勞動營裏，個人的命運為偶然所掌控，個人毫無價值可言，生命可以被隨意剝奪。在法蘭克福書展上，當作者談到《呼吸鞦韆》的原型，她的母親在勞動營中的慘況時，幾度哽咽落淚。

至今為止，中國大陸只翻譯米勒的三個短篇，台灣翻譯了她的《心獸》（台譯《風中綠李》），如此介紹是相當寒

磣的。但是，即便如此，仍然可以從中讀到這位被譽為「獨裁統治日常生活的女編年史作者」為我們編織的似曾相識的生活：被剝奪、被控制、被侮辱、被孤立，以及貫穿其間的無所不在的恐懼感。

恐懼來自孤獨。無家可歸的孤獨。米勒告訴我們，即便「獨裁者」暴屍街頭，整個制度覆亡日久，孤獨仍然抓住每一個人。這就是專制的力量。極權社會裏，沒有人可以擺脫孤獨，孤獨是人們的一種普遍的生存狀態。

所有關於米勒的文字，都把她描述為一位喜歡穿黑色衣裙的瘦小的女人。在如此柔弱的軀體之內，如何可能蘊藏那麼大的能量，足以對抗比她強大千萬倍的獨裁者及其國家？那反抗的火焰如何可能維持那麼長的時間，從來不曾熄滅過？12 月 7 日，米勒在瑞典學院演講廳向我們揭開了其中的秘密：她帶有手絹。

手絹與筆，是米勒身為弱者所持的武器。

「你有手絹嗎？」

演講這樣開頭。這個句子在整個演講中被重複多遍。或許，米勒多年來就這樣不斷地提醒自己，而今，她又這樣反覆提醒她的聽眾，我們中的每一個人。

演講中，米勒說到幾個同手絹有關的故事。

第一個故事，發生在米勒拒絕國安局要她做「線人」

的指令之後。工廠奉命把她用的厚厚的字典清掃到走廊的地板上，安排其他人員佔據她的辦公室，不准她進門，實際上在迫使她離職。為了證明自己不是謠言說的那種線人，而是上班一族，她只好在身上掏出手絹，小心鋪平，然後坐在上面，把字典放在膝蓋上，動手翻譯那些液壓機器的說明書。正如她所說，她成了個「樓梯玩笑」，她的辦公室就是一塊手絹。她說，她沒有哭，她告訴自己，她必須堅強。她天天堅持這樣做，直到幾個星期過後被正式開除。

米勒痛恨國安局。大約因為這個機構最充分地體現了一個極權國家的本質，那種沒有限界的暴力和陰謀；而且實際上，米勒也經受了它的最殘暴最無恥的威脅。我們看到，除了寫作，米勒很少像其他知識分子那樣，對公共事務作公開表態。然而，只要事關國安局，就會看到她迅速介入的身影。2008 年，柏林羅馬尼亞文化學院邀請兩位曾為羅馬尼亞國安局效力的學者作家與會，她立即發表公開信表示反對。在東西德筆會籌備合併時，鑒於東德一些作家與國安局有染，既不認罪，也不解釋，她便決然退出德國筆會。她發表文章，對國安局在壽西斯古政權倒台後，仍然以新的方式繼續存在感到憤慨，指出 40% 前秘密警察仍然留在今日的國家情報部門工作，而舊日的秘密檔案也仍然留在他們手中。她還指出，今日的羅馬尼亞貌似改革開放，但仍與舊政權妥協，而大部分羅馬尼亞人都裝作失憶，或已然失憶，這是她不能容

忍的。此外，她還為爭取羅馬尼亞當局公開她的所有秘密檔案而付諸行動。

米勒的手絹，有國安局留下的她的淚痕和血漬，她用它包紮傷口。

還有一個故事，是米勒同帕斯提奧談話打算寫他的勞動營生活時，帕斯提奧告訴她的。帕斯提奧餓得半死，乞丐般去敲一位俄羅斯老人的門。老媽媽讓他進屋裏，給他喝了熱湯，看見他連鼻尖都滴下湯汁時遞給他一塊白手絹，一塊從來不曾用過的手絹。老媽媽說，這是祝你們好運，你和我的兒子，願你們很快能回家。她的兒子和帕斯提奧同年，也像他一樣，在遠離家鄉的另一個勞動營裏。米勒描述說，手絹有格子花紋，用絲絨精心刺繡了字母和花朵，是至美的事物，對眼前的乞丐來說，又是充滿矛盾的事物：一方面絹布中深藏溫暖，另方面又以精緻的刺繡，像一把尺子丈量出了他墮落底層遠離文明的深度。對老媽媽來說，帕斯提奧也是一種矛盾交織的事物：一個被世界拋到她屋子裏來的乞丐，又是失落在世界某處的一個孩子。帕斯提奧在這位老媽媽贈送的手絹中，既感受到欣慰，又承受到一種做人的過高的要求。

帕斯提奧一直把手絹珍藏在他的行李箱中，有如一個雙重兒子的雙重母親的聖物遺骨或舍利子。這條白手絹，既給他希望，也給了他恐懼。因為他知道，一個人，一旦失去希望和恐懼，就是行屍走肉。

米勒說道：「自從我聽到這個故事，我就一直問我自己：『你有手絹嗎？』這個問題是否到處都有效？它是否在冰凍與解凍之間的雪光閃耀中也能向整個世界展開？它是否也能跨越千山萬水，跨越每一條邊界？」

米勒的演講是以手絹結束的。她最後說：

> 我希望我能為所有那些被剝奪了尊嚴的人說一句話——一句話包含着手絹這個詞。或者問這個問題：「你有手絹嗎？」

整個演講，從開始到結束，米勒都用了同樣一句話：「你有手絹嗎？」

手絹是微末之物，在米勒的眼中是如此偉大。她說：「對我們來說，家裏沒有其他東西像手絹那麼重要，包括我們自己。」在米勒的作品中，就多次出現手絹，或者類似手絹的布塊，各種代替物。手絹的用處，確如米勒所說的無處不在，譬如擤鼻子，擦乾血淚和污垢，它作條狀可以包紮傷口，咬住可以抑制哭泣；濕手絹可以治療頭痛發燒，罩在頭上可以抵擋烈日暴雨；打個結可以幫助記憶，繞在手上可以拎起重物；在站台前可以揮別親友，還可以將它蓋在死者臉上，成為安息之所。手絹在米勒這裏，代表母愛、親情、友誼；它是工作，是勞動，是抵抗，是保護，是療救；它是一個人的尊嚴、羞恥、同情、慰藉，它把生活中及內心裏最不相干的東西連結到一起。

關於寫作，米勒説，她並沒有什麼任務可言，只是寫和她自己有關的事情，或者可以説是個人一直承載的傷痕。因此，她需要手絹。

　　獲獎後，米勒在記者會上説她自己是所有獨裁政權的目擊者，就是説，她的文學世界是廣大的，並不限於極權統治下的羅馬尼亞。她説：「你可以將納粹政權、集中營、軍事獨裁和在一些伊斯蘭國家的宗教獨裁計算在內。很多人都遭到他們迫害，許多生命都給毀掉了。」她覺得自己是為被迫害而死的朋友，以及一切死於暴政的生命而活的。這樣，她便需要許多許多手絹。

　　由於米勒隨時帶着手絹，永遠帶着手絹，她的作品也就具有如手絹般平靜的風格。血、淚、激情和理性，都包藏在裏面。這是生活自身的風格。身為女性，米勒清楚地知道，任何政治的重壓都必將返回生活，人不能不過日常生活。所以，米勒描寫的最沉重、最險惡的政治，都是日常生活，在手絹中依次展開。

　　——「你有手絹嗎？」

　　我們的作家有旗幟、鋼鐵，有裸露的床單，有變戲法的手巾。就是沒有手絹。

2009 年 12 月 22 夜

被禁錮的頭腦

控制人們的頭腦是控制整個國家的關鍵，語言文字就是制度的基石。

——〔波蘭〕切斯瓦夫·米沃什 （Czesław Miłosz）

讓思想衝破牢籠。

——〔法〕歐仁·鮑狄埃 （Eugène Pottier）

對米沃什來說，《被禁錮的頭腦》是一部標誌性的作品。1951 年，米沃什離開波蘭駐法國大使館文化參贊的位置出

走。此後兩年間，他寫作並出版了這部隨筆集。在一定意義上，可以說，這部書帶有某種自我詮釋的性質。

實際上，書中的內容完全超出了個人的範圍。用雅斯貝爾斯（Karl Jaspers）的話說，這是一個文件，是一部關於極權制國家進行精神奴役的重要的闡釋性著作。寫出著名的《戰後歐洲史》（*Postwar: A History of Europe Since 1945*）的歐洲問題研究專家托尼・朱特（Tony Judt）認為，在描繪權力和極權主義對整個知識界的誘惑方面，沒有哪一本書比它更深刻。

當《被禁錮的頭腦》出版時，巴黎的知識分子依然沉浸在對蘇聯共產主義的幻想中，斯大林是他們心目中的明星領袖。卡繆（Albert Camus）在《反抗者》對此發出一點不同的聲音，即遭到薩特（Jean-Paul Sartre）等左派人士的火力強大的狙擊。《被禁錮的頭腦》遭遇同樣的命運，米沃什說是引起了所有人的反感：蘇聯的追隨者認為這本書是侮辱性的，而反共分子則指責說政治態度曖昧，懷疑作者骨子裏是一個馬克思主義者。認識蘇聯和蘇聯式政制有一個過程。揭開鐵幕的有力者來自蘇共黨內，赫魯曉夫 1956 年作的政治秘密報告，首次系統性地把斯大林統治的真相暴露於世。如此看來，米沃什的批判未免太早了一點。

米沃什終至於與體制決裂，其勇氣來源於作為一位知識分子作家的良知和經驗。1945 年，被米沃什稱為「東方

帝國」的蘇聯戰勝了德國法西斯，隨即取而代之，將波蘭等多個東歐國家納入其勢力範圍之內，強制性推行它所規定的政制，包括意識形態，即米沃什書中說的「新信仰」。他目睹了許多朋友和作家同行在思想改造過程中發生「異化」，而他自己，雖然極力服從，克制內心的反抗，可回旋的餘地畢竟愈來愈狹窄，連保持某一程度的思想自由也不可能，最後才作出自我放逐的抉擇。用他的話說，是「痛下決心不再做東方暴政的同謀犯」。

《被禁錮的頭腦》在台灣的漢譯本叫《攻心記》，「頭腦」換作「心靈」，其實指的都是一種精神。無疑地，米沃什把知識分子看作是社會的良心和頭腦。對意識形態專政的國家來說，知識分子被視為危險的群體而同樣受到重視；只要禁錮了知識分子的精神，就將有效地操控全社會。

米沃什在書中試圖重現一個號稱「人民民主國家」中人民的思想改變過程，通過解析，引導讀者深入了解一個異質化的特殊環境，走進「東方知識分子」的內心世界。此外，他還特別強調說：「我的言論同時也是一種抗議，我否認教條有權為以其名義所犯下的罪行進行辯護。」可以感受到，詩人在道義面前，擁有一種為任何權力不能攖其鋒的個體性力量。

國家如何可能禁錮人們的頭腦？

除了施加傳統的暴力和強制手段，以製造普遍的恐懼之外，米沃什給出一種「穆爾提－丙」藥丸。「藥典」原出於作家維特凱維奇（Stanisław Ignacy Witkiewicz）的一個長篇小說《永不滿足》（*Insatiability*），書中的人物缺乏信仰，焦慮而沮喪，因為服用了蒙古哲學家穆爾提－丙製造出的一種能導致「世界觀」改變的丸藥，變成了另外一種人，鬆弛、麻木、平和、逸樂，乃愉快地接受了征服者的統治。但是，又因為無法徹底改變原來的特性，終於成為一群精神分裂症患者。

　　「穆爾提－丙」藥丸是由上層統一規定發放的。這種藥丸對敏感而懦弱的知識分子的誘惑力，顯然遠遠超過工人、農民和一般市民。異化了的知識分子有一種「罪惡感」，在新政權中渴望成為人民群眾中的一分子，渴望得到社會承認；相反害怕獨立思考，害怕隔離，不習慣那種強硬而嚴厲的思想方式，甘於服從書報審查制度和出版機構的各種要求，且極力設法適應「需要」。國家力求證明，而知識分子也為之深信的是：現狀不可能改變。於是，「一切都為一個制度、一種聲音、一個思想所取代」，成為一種定局。

　　據說開始服用「穆爾提－丙」藥丸時會有一種痛苦，一種絕望感，——可能東歐知識分子會如此，但即使如此也會很快過去。米沃什說，服用藥丸的人有雙重人格，可以更

敏銳地感悟到人們的生存境遇，若要調節自己或跟蹤別人的異端思想都變得格外方便。作家藝術家會因此變成一個有經驗的心理學家和意識形態的捍衛者，互相窺探，彼此督促，按照統一的標準轉變「世界觀」。

「穆爾提－丙」藥丸是一種精神迷藥。人們喜歡服用它，未必因為它真的能夠使人獲得平靜與和諧，但是，至少可以獲得某種程度的內心平衡，這比他們以徒勞的反抗折磨自己要好得多。

在米沃什的筆下，東歐知識分子矛盾重重，精神苦悶。他們根本不能過正常的生活，或者說，生活沒有真實性可言。「幾乎所有人都不得不成為演員，」米沃什描寫道：「然而這需要非常高超的表演技巧，思想必須戰戰兢兢，時刻處於警覺狀態；說話必須考慮後果，三思而後言。每個不合時宜的微笑，每個表錯情的眼神都會招惹懷疑和指責，給自己帶來危險。甚至人們生活的方式、說話的語調或喜歡佩帶的領帶顏色，也都會被解釋為某種政治傾向的標誌。」人人都在公眾面前演戲，而人人也都清楚彼此在逢場作戲；時間長了，以至於連自己也難以區分到底在真的演戲還是在過生活了。

如此大規模的表演性的社會生活現象，米沃什借用法國人康德·戈比諾（Comte de Gobineau）所著《中亞的宗教與哲學》（*Religions and Philosophies of Central Asia*）中的「凱特曼」一詞加以概括。

何謂「凱特曼」？東方穆斯林認為，如果可能，人們必須對他們的信仰保持沉默。戈比諾進一步指出，有時保持沉默還不夠，當沉默可能被認為是主動招供，那時就不應猶豫，不僅要公開否認自己真正的觀點，而且必須採取一切手段和策略來蒙蔽對手。只有用這種方式，才能保護自己，保護自己的親屬，在跟異教徒進行周旋時，不致傷害神聖的信仰。

凱特曼是一種生存策略，一種權宜之計，米沃什諷刺說是遵照「時代的要求」而採取的「偉大且行之有效的手段」。在20世紀的歐洲，凱特曼以最精確嚴格的形式，在「人民民主國家」中被廣泛應用。米沃什列舉凱特曼的幾類主要的表現，其中最普遍也危害最大的有「職業工作凱特曼」和「倫理凱特曼」。

米沃什舉例說：如果作為學者去參加各種大會，那麼我就會在大會上嚴格地「按照黨所指引的方向」做個適合的報告。他們要我做什麼我都照做，利用我的名字也無妨，如果做到這些，我就能被批准通過科研項目，允許進入實驗室，得到一筆資金。如果我是一個作家，在國家壟斷出版而又有著嚴厲的審查制度的情況下，希望在書架上看到自己的作品，就必須為有資格從事寫作付出代價。哪怕寫一篇關於斯威夫特的論文，而且是運用馬克思主義的方法，我也得宣稱自己是「新信仰」的信徒；如果寫小說，譯詩，還必須寫出一定數量歌功頌德的詩文。這就叫「職業工作凱特曼」。

沒有哪一種類的凱特曼與「倫理凱特曼」無關。「新信仰」倫理規定一些基本原則，包括培養「新人」（或稱「接班人」）各種條件都有着明確的比例配置。其中，為革命利益服務當然是第一位的。米沃什特別提到「告密」這種行為，他指出，古往今來從來不曾有人將它視為一種美德，但是在「新信仰」文明中，告密卻是作為好公民的基本美德而受到贊許和嘉獎。雖然大家都竭力回避「告密」這個稱謂，或者提出各種理由證明他們不曾從事告密活動，事實上，卻程度不等地染有告密的陋習。由於告密的普遍化，人們除了負擔繁重的本職工作以外，還得隨時提防無所不在的眼睛和隔牆有耳的情況，片刻也不能放鬆警覺。告密、造謠、誣陷、鈎心鬥角、投機鑽營，不惜踩着他人的肩膀往上爬。米沃什寫道，這是不同於早期工業資本主義時期的另一種鬥爭，那時人們在金錢鬥爭中爭取最大的生存機會，而現在則是那些玩弄手段、勾結權勢的人獲得最大的生存機會。他說有兩類「看門狗」，一類狂吠而粗暴，另一類不聲不響，隱藏在暗處，伺機咬人，當然在「新信仰」國家中享有最多特權的是後一類。一個非常可怕的事實是，米沃什判斷說，只要超過五十年的教育，一個人種就有可能定型，再也不能回歸原貌，這就是所謂的「新人」。

　　「新人」的產生，是以社會道德的大面積敗壞為代價的。民主產生友愛和信任，極權產生仇殺和欺騙；凱特曼盛

行來自環境的逼迫，道德問題與政治體制原是大有關係的。在踐行凱特曼的過程中，培養出知識分子的某種變態心理，如米沃什所觀察到的：

> 對多數人來說，必須生活在持續的緊張狀態下和無時無刻不是處於警覺中，似乎是一種酷刑，但這同時也給很多知識分子帶來一種受虐淫的樂趣。

把壓迫變成一種內在需要，人性之扭曲，莫此為甚。

顯然，倫理凱特曼是最強勁的一種凱特曼。

由於威嚇、誘惑以及在此基礎上形成的凱特曼風氣，「東方知識分子」要保持自己的信仰、觀念和個性就變得十分困難，在書中，米沃什沒有拿出任何一個獨立的、反抗的人物介紹給讀者是有根據的。沒有硬骨頭，沒有軌道破壞者，甚至連一個沒有表演欲的人也難以找到；現實中多的是諂媚者、告密者、說教者、投機家、變節分子、勢利之徒、犬儒主義者。米沃什認為，東歐千百萬人的命運在知識分子作家身上的表現最為明顯，於是他從熟人朋友中選擇了幾個典型，追蹤他們的前後變化，以期透視現行體制的嚴酷性。

「道德家」阿爾法是一位著名的散文作家，米沃什的摯友。他在二戰時期創辦地下刊物，以文字投入抵抗運動，救助猶太人，反對群眾性大屠殺，是種族主義和極權主義的勁敵。另一位是詩人貝塔，1943 年為蓋世太保所逮捕，先

後關進奧斯維辛和達豪集中營。美國人將他解救出來後，留在西德生活。因為波蘭革命的感召，加以渴望做一個用母語寫作的作家，結果他回到華沙。

新秩序建立後，根據「莫斯科中央」的計劃，國家對知識分子的改造大步向前踏進。「現在的問題是，要麼突然反抗從而跌入社會的最底層，要麼就走進黨為他們敞開的大門。別無其他選擇，那種既想討好上帝又想討好凱撒給他們各付一枚硬幣的做法已經行不通了。」阿爾法發表小說，獲官方大獎，住進漂亮的別墅，在一系列政治宣言上簽字，參加各種委員會的活動，到處發表演講，熱衷於作協組織的大規模作家旅行。米沃什說，阿爾法真正走出了自己的知識分子部族，由一個具有道德權威的作家變成一個「說教作家」。他在書中這樣評述道：

> 只有對真理狂熱的愛，才有可能阻止阿爾法發展成為後來的那種樣子。誠然，假若他那時熱烈追求真理，也許就不會去寫那樣的小說；他允許將自己的同情置於書報檢查所規定的安全框架之內，迎合黨的期望簡化了他所描繪的事件的畫面，同時也因此贏得了黨的認可。

至於貝塔，同樣醉心於參加各種活動，以前是靦腆的詩人，如今則完全變做了政客。他是位顯要的宣傳家，不再寫詩，

而是為官方週刊寫作辛辣的雜文，打擊國家的敵人。米沃什認為，貝塔與東方知識分子常見的情形一樣：自毀才能。他評述說：

> 那些批判自己所處時代之政治制度的偉大作家和貝塔這類人之間的本質區別在於：前者全然不因襲苟且，他們不顧自己所處的環境而進行活動，貝塔卻是在將文字用筆寫到紙上時，耳朵就已經伸出去，急於聽到黨內同志的掌聲了。

舊同學伽瑪是一個民族主義者和排猶主義者，新政權成立後，迅速成為斯大林主義者。他最初出使歐洲，是個「受黨信任的人物」，也為西方人士所歡迎。他的父母和妹妹隨同數萬、數十萬同胞一起，被蘇聯強制放逐到極地附近的勞改營和地處亞洲的集體農莊，父親最後死於流放地。但是，伽瑪有本事把內心掩蓋起來，高調發表演說，歌頌蘇聯的制度，聲明譴責被蘇聯內務人民委員部逮捕的人。他才能平平，戰前的詩作不值一哂，由於地位的影響，現今已是出色的作家，文壇舉足輕重的人物。為了對所有作家實行正統觀念的管束，他從國外使館調回作協，被正式任命為「波蘭所有作家的政治監督員和良心管理員」，職責是「監督文學按照黨的路線發展」。他一句話就能決定作家的作品能否出版，能否得獎，能否得到住房和其他收入。書中描述說，「他

被一幫馬屁精包圍着，只要他眉頭緊皺，他們就會滿臉愁容；只要他説個什麼笑話，他們就會迎合他而縱聲大笑起來」。

伽瑪是一個理性主義者，他知道自己的國家和人民面臨愈來愈大的苦難，也知道他自己是一個謊言散佈者，要説的任何一個字都不會是他自己的；但是，他並不認為自己負有責任，他的謊言應當由「歷史決定論」負責。為此，米沃什説他是一個「把靈魂出賣給了魔鬼的人」。

戴爾塔沒有能夠像伽瑪那樣玩權力的遊戲，他只能從萍蹤浪跡中遊戲人生。自從西方回到波蘭後，他自以為找到了一個足夠強大的庇護者，於是狂熱鼓吹新國家。當局也正好利用他，一個擁有眾多讀者的詩人以開朗的樂觀的調子製造愛國主義氣氛。但是，這只是一時之需。由於戴爾塔從來未曾嚴肅地對待過政治和文學，因此遭到「嚴厲而精確的時代」的打擊是必然的。幸而他還有剩餘價值可供利用，上方最後還是給了這個多產詩人以積極表現、戴罪立功的機會。而他，果然立即寫了幾首熱情洋溢的「嚴肅」的長詩作為回報，從此再次浮出水面。

對知識分子來説，改造的經歷各不相同，各有各的標本價值，但都一樣是終身的自虐性的工作。在改造過程中，知識分子承受國家機器的壓力，從自主走向服從，終至成為體制的一部分，反過來強化了意識形態專政。米沃什十分感

慨地説：「迄今為止，我們從未像在 20 世紀這樣受到意識奴役。」

　　書中還補充了一個典型，就是作者自己。他坦白説，讓他嚴厲譴責阿爾法等知識分子是困難的，因為他自己也是在同樣一條幾乎無法避免的道路走過來的，只是彼此反應上略有差別而已。他在《被禁錮的頭腦》英文版序文中追憶了一段心路歷程。他説，他一直深愛祖國的語言文字和使用它的工作，惟有在祖國，他的作品才可以被閲讀，但是祖國卻正好落在「東方帝國」的鐵網之內。他曾竭力設法在小範圍裏保全思想上的自由，為了促使這個目標實現，毅然到國外做外交官，以求避免直接的壓力而使自己的寫作比國內作家更大膽一些。他不願做一個流亡者，不願與祖國斷絕關係，變為「局外人」。然而，最後還是不得不承認自己失敗了。

　　米沃什寫道：每一時代都承認作家最主要的工作是：從自己獨立的立場來看這個世界，把他所看到的真相説出來，這樣還同時盡了為整個社會的利益而服務的責任。但是當局嚴格限制作家，使之為自己的政治目標服務。在米沃什看來，實行「社會主義現實主義」原則不僅僅涉及美學趣味等問題，而且及於人類生存的基本問題；他最不能容忍的是，由它所召集的文學隊伍就像集中營裏的音樂隊，以巨大的噪

音淹沒人類的呻吟聲。他說他的胃口無法受納，他的出走，並非純粹出於對專制的痛恨而已。

對於極權制國家來說，《被禁錮的頭腦》可以說是一顆重磅炸彈。據說當時就有人從美國用氣球把它運送到波蘭上空降落，可見它的政治影響力。無論是法西斯政體還是其他政體，任何壓迫性政治體制都會產生如米沃什在書中所暴露的現象，即使在某種程度上有所緩減，或者增加了市場主義的新的因素，生活在這種體制下的人們對此仍然不會感到陌生。只有在民主國家，呼吸著自由空氣長大的青年人才覺得難於理解。

托尼·朱特曾經講過他在美國大學裏講授《被禁錮的頭腦》的課堂效果：

> 70 年代，我第一次給嚮往成為激進派的學生們講這本書時，將大量的時間花在解釋為什麼《被禁錮的頭腦》不好。三十年後，我年輕的聽眾們徹底一頭霧水：全然不理解一個人何以將靈魂出賣給一種信念，更不要說是壓迫人的信念了。到了世紀之交，我的北美學生幾乎無一見過馬克思主義者。

他說當代美國學生看不出這本書的意義何在。他們勉強可以領會如鎮壓、受難、宗教信仰之類，但對意識形態上的自我催眠之類，始終大惑不解。他引用米沃什形容西方人

和政治移民對此感到費解的話說：「他們不懂一個人如何付出——那些國境外的人們，他們不會明白。他們不知道這個人換取了什麼，又以何種代價才將它換來。」

令人感興趣的是，今天的波蘭以及東歐讀者如何看待《被禁錮的頭腦》？那裏的青年人能夠理解嗎？對他們來說，本書是否還保有原來的意義？因為在二十多年前，那裏就已經改變了原來的體制，被稱為「後共產主義國家」了。

2013 年 10 月 6 日

後奧斯維辛寫作

用柔弱的手，針對這個時代寫作。

——〔德〕君特・格拉斯（Günter Grass）

奧斯維辛：波蘭地名。納粹政權在此建立規模最大的滅絕營。1944 年夏，每天有 2 萬猶太人被毒氣殺害；據統計，僅 II 號營地就有 100 萬猶太人死去。此外，至少有 6,000 名吉卜賽人被毒死，還有成千上萬的非猶太人死於勞役。它是無數集中營和滅絕營的代表，民族屠殺的標誌，反人類行為的象徵。

二戰過後，奧斯維辛的毒氣室和焚屍爐已經煙消火滅，除了供人參觀紀念，它的存在還有什麼實際的意義？如果說，它尚可給死氣沉沉的歷史學提供一些刺激性的材料，那麼，對於以虛構和想像見長的文學來說，是不是顯得太實在太陳舊了一點呢？

　　阿多諾說：「奧斯維辛之後，寫詩是野蠻的。」姑不論對這個著名的論斷作何種解釋，都不得不承認，奧斯維辛是一個尺度：關於時代的、道德的、人性的尺度，無法棄置的尺度；即使作家所寫的題材毫不涉及戰爭和殺戮，時至今日，也都與奧斯維辛有關。在這裏，奧斯維辛已成為現實的一部分，雖然屬過去，卻向未來敞開。作為一個關鍵詞，它不但沒有被遮蔽，被克服，而且在新的語境中，一再地被政治問題和生活事件所激活，從而表現為文學自身的訴求，以及作家具體的寫作態度。至於直接表現奧斯維辛題材並一生執着於此的作家，統計起來為數甚少，但是，無庸置疑，他們是同行中最卓越的一部分。

　　1999年諾貝爾文學獎獲得者君特·格拉斯就是這少數的作家之一。

　　他認為，文學的本質是回憶，而未來只有通過回憶才能變得清晰，所以多次聲明，他是針對流逝的時間寫作的。他明確指出，「奧斯維辛並沒有在我們的身後結束。」他承

認，被他寫進書裏的所有東西，都曾屈從於時間或者與之發生過摩擦；歷史要求他用這些東西擋住現在的去路，把現在摔倒。就是說，歷史必須參與到現實中來，如果拒絕這種參與，此前的失誤將會以更苦澀的形式出現。但是事實上，人們對歷史普遍表現出了可怕的冷漠，甚至厭倦，作出種種努力以求擺脫現在的「歷史」過程。對此，他不無自負地說，這種企圖遭到了他的敍述的抵抗。

格拉斯，1927 年生於但澤（後劃歸波蘭），父母一方為德意志人，一方為波蘭人。他 17 歲被征入伍，1946 年從美軍戰俘營獲釋，後淪為難民。出生地、血統、早年經歷，都使得他日後的寫作無法繞開納粹統治的歷史。他從中一面體驗苦難，一面感受罪責；尤其是行伍經驗，使他不可能從勝利者的角度，而是從底層，從失敗者一方進行反思。他相繼出版著名的「但澤三部曲」（Danzig Trilogy）：《鐵皮鼓》（*The Tin Drum*）（1959）、《貓與鼠》（*Cat and Mouse*）（1961）、《狗年月》（*Dog Years*）（1963），寫的是家鄉但澤，故事則與 20 世紀德國的那段黑暗、恐怖、荒誕的歲月聯繫在一起。此後，他又陸續出版了《比目魚》（*The Flounder*）（1977）、《母鼠》（*The Rat*）（1986）、《遼闊的原野》（*Too Far Afield*）（1995），以及《我的世紀》（*My Century*）（1999）等作品。除了小說，他也寫詩，此外還有大量隨筆、書信、評論、演講；而所有這些，都着一個共同的維度，那就是奧斯維辛。

戰後德國出現一個「零起點」的口號，大約相當於中國「文革」過後的「向前看」的觀點，不問而知，這種觀點遭到了格拉斯的反對。他認為，納粹黨史是血腥的歷史，滅絕人性的種族屠殺是所有罪行中最嚴重的一種，德國的罪惡及其影響是沒有限度的，因此必須加以充分的、徹底的暴露。1979 年 6 月，在紐約舉辦但澤猶太教會堂聖物展覽會時，他寫了一篇文章，提出一個誰也無法回避的問題，就是：在奧斯維辛過去二十五年之後，我們應當怎麼對孩子們說？我們有沒有告訴孩子們，在奧斯維辛、特雷布林卡（Treblinka）、馬伊達內克（Majdanek）等地發生了什麼事？是誰以德意志民族的名義進行這所有一切，而這一切又何以成為可能？對於一場人類的浩劫，像舉辦展覽會或成立紀念館一類事情固然不應被延宕，而那些沒有擺放在展台和陳列櫃裏的東西，也都應當一道被陳述，被傾聽，被解釋。為了增進對歷史的理解，格拉斯多次強調，需要啟蒙主義的理性；但是，他又反對理性的僭妄，指出有必要提防將具體鮮活的歷史事實抽象化。至少，對他個人而言，他認為不能從文化史的角度回顧歷史，而只能從德國罪行的影響，以及作為他的文學創作的條件出發進行反省。如果沒有獲得一種痛感和恥感，根本不可能從史無前例的罪惡中引出每個人的責任，並且負擔起來。

在後奧斯維辛時代，一個突出的問題是如何對待罪責問題。著名的政治學家阿倫特有關紐倫堡審判的觀察和研究，也都把重點放在責任問題上。說到罪責，人們總是習慣地歸之於大獨裁者希特拉和他的追隨者。此外，格拉斯還注意到，奧斯維辛呈現出有組織的，與客觀必然相性聯繫的責任，已被劃分到無法辨認的程度，以致最終表現為不負責任。無論是參與或沒有參與犯罪的人，在行動時，都有意無意地從各自對「義務」的狹隘的理解出發，尋找逃避責任的藉口。連那些製造一個又一個犯罪現場的作案者，在受審時都可以為自己辯護，說他們只是出於服從紀律動用槍彈，或出於義務使用辦公桌而已；而其他眾多既不贊成也不反對，知道情況而聽之任之的人，始終不吭聲的人，他們一樣沒有被審判，難道都稱得上是清白的嗎？格拉斯不同意這種撤離歷史現場的結論，相反認為，就連戰後的一代人，從時間上看是完全沒有責任的，也得一同背負罪責，而且看不到結束的時候。

對於德國歷史進程中無法治癒的創傷，以及引起這一無比罪惡的事件的責任問題，格拉斯確實傾向於人人有份的觀點。在這裏，這一觀點不可能被理解為替殺人者開脫。他不能容忍作為德國人可以指責別人不懺悔而自己竟置身局外，無動於衷；說到懺悔也不認為僅僅是一個良心問題。他有一個演講，題目叫做《學習反抗，進行反抗，敦促反抗》。在

演講中，他指出，除了健全議會制度以外，仍然需要良心的呼籲和真理的抗爭，這就是知識分子的作用。他特別強調抗爭，他說：「我們總是錯過反抗。德國的歷史是一部錯過反抗的歷史。」他認為，希特拉政權所以得以鞏固，不是因為它有多麼強大，而是在於對手的軟弱，缺少反抗的決心。他提出，每一個人應當擁有「抵抗的權利」。當責任問題被引導到對自身權利的思考時，顯然已經越出一般的倫理範疇，而直接轉變為一種政治要求了。

格拉斯熱心政治是必然的事情。

他坦言表示說：

> 我的整個一生都帶有政治色彩。儘管我的主要興趣在美學方面（無論是繪畫還是寫作），但是只要在這裏工作，就是在一個帶有政治色彩的，被政治造就的世界裏工作，當我試着描畫現實生活中的圖像時，已經在與這個為政治所造就的世界打交道了。何況，今天的政治要大量入侵生活的所有領域，這比 19 世紀要可怕得多，看警察對電話的竊聽就可以知道。

作為一個作家，他覺得，假如不是首先把自己當成為一個公民，對現實生活作出積極的反應，是不可理解的。他承認，這種態度並非來自文學方面的見解與經驗，而是源於遲到的政治見解與經驗。實際上，知識分子的屬性，對人類事務的

關注和干預，也即所謂「公共性」，與其說是在文學領域中，不如說是在與政治打交道的過程中得到了促進。

公民必須做一些實質性的工作，而從事政治，就意味着站在某個黨派一邊，格拉斯對此有着清醒的認識。他公開表示，他的政治參與具有黨派性，以致後來成為社會民主黨的一員。對於那些自稱為超政治超黨派的作家，他是深不以為然的。他直接捲入競選活動，參與撰寫勃蘭特（Willy Brandt，也譯布蘭特）的演講稿，進行各種政治辯論和討論。然而，他從來不打算通過這些特定的政治工作謀取個人權力，而是同人們一起遏制國家社會主義的影響，鞏固和發展議會民主，以建設一個「啟蒙的公民社會」。

從本質上說，公民社會也就是民主政體的社會。格拉斯在維也納的一次演說中充滿激情地說道：「使民主成為日常的現實是多麼艱難，多麼彌足珍貴；在由唯一的政黨凌駕於一切之上，不允許有任何選擇的地方，人們是多麼地懷念和嚮往民主。」然而，從極權主義的政治蠱惑之下走過來的一代，對有關民主的記憶仍然心有餘悸。他指出：「社會主義不能由上面來規定，它只能通過更多的民主來實現。現在我們知道，形式上的民主充其量只能保證表面的權利，惟有愈來愈多的社會公正才能實現它的要求。」在極權主義社會，「民主」往往被演繹為「群眾決定論」，雖然實際上是領袖支配一切，群眾則被廣泛地動員和組織起來成為對少數一小

攝人「專政」的工具。因此，格拉斯說，在民主政體的社會裏，消除現存的階級對立，不能通過復辟19世紀的階級社會來實現，而必須克服一度成為必要的階級鬥爭，以使所有的人的平等權利成為日常的實踐。但是，這並不等於消除社會上的所有衝突，相反他指出：「在民主社會裏，如果在解決政治衝突的時候將政治上的對手都當成敵人來對待，那麼這種民主離結束已經不遠了」；又說，「一個民主的社會如果不能讓衝突決出勝負，而是用禁令把它封存起來，那麼，在它開始理解民主之前就已經不再是民主了。」按照格拉斯的理解，民主應當保障政治衝突和思想衝突的存在的客觀性，即保護衝突的自然狀態，使衝突的各方——不同的政治黨派和個人——獲得本來意義上的自由。所以，他提出一個十分鮮明的口號，就是：「在衝突中生活。」

這是一個富於政治智慧的創見。然而，我們並沒有學會在衝突中生活。尤其在像「文革」這樣大規模的階級鬥爭運動結束之後，知識界普遍害怕和厭惡正常的思想鬥爭，80年代倡言「費厄潑賴」，90年代大談「寬容」，而且都一樣以反「文革」、反激進的姿態出現，以致不惜給堅持社會批判立場的知識分子蒙覆魔鬼的面具。事實上，各種批判、駁詰或論辯從來未曾停止過；而進步的觀念和正確的原則，卻往往是通過衝突和鬥爭得以彰顯和傳播的。

人為地強制性地消除衝突，惟是奧威爾筆下的《1984》的世界。「老大哥在觀察你」。在一個監控國家裏，任何異樣的、不滿的、反叛的思想，都會在一張透明的組織網絡中暴露出來，在沒有形成行動之前，即行遭到清除。更可怕的是，每個人的頭腦都不是自己的頭腦，通過灌輸和清洗，思想已統一為「老大哥」的思想。整個國家體現出寡頭統治的集體主義的特徵，沒有個人空間，因此也就沒有自由衝突的可能性。格拉斯多次讚揚奧威爾的洞見和勇氣，在隨筆《魔術學徒》中，他這樣寫道：

> 奧威爾能夠洞察他所處的時代的意識形態上關於終極目標的咒語，能夠證實斯大林主義和法西斯主義之間沒有本質的區別，能夠品嚐出加在這種或者那種許諾的粥中的知識分子調料。他從大換班、喪失地位、清除異己、人人自危的恐怖、官方的偽造歷史以及語言為意識形態服務中看到未來的日全食。他的反烏托邦超越了它們形成的原因，今天仍在發揮作用：40年代中期與末期出版的《動物莊園》和《1984》，從直接產生的影響來看，這兩部書堪稱是一位知識分子向當時的魔術學徒的宣戰書。

其實，格拉斯同奧威爾一樣地站在「知識分子魔術學徒」的對面，捍衛啟蒙的理性、正義、自由和民主，並把所有這些當作「有益的流行病」，通過他自己而使之傳播開來。

格拉斯深知，他做的是「雙重工作」，一方面是盡作為一個公民的義務，從事日常政治活動；另一方面是做一個作家，工作就是伏案工作。就普遍的狀況來說，作家總是強調這一工作的特殊性，但是，在格拉斯看來，作家不論怎樣特殊，都不能把寫作和政治分開。也就是說，寫作帶有政治性。格拉斯坦然承認，他的寫作語言患了「政治病」。他說，既然他為之寫作的國家沉重地承擔着一種政治後果，讀者也將同作者一樣，帶上政治的烙印；所以，倘要尋找一種脫離政治的田園生活是沒有意義的，因為這時即使拿月亮做比喻也會變得陰森可怕。由於他經歷了一場浩劫，因此根本不可能接受那種貌似拯救文學的意見，即作家不應該屈尊參與政治，而必須保持距離，不應該重視當下性，而必須追求「永恆」，才不致於敗壞文學的風格。在他看來，包括作家在內，在滲透了奧斯維辛的毒氣和鮮血的現實環境中，我們的身份不能不受到質疑，可是，如果不徹底放棄距離，就不可能把自己置於真實的位置上。他說：

> 一種文學風格，如果只能像室內植物那樣在密封的溫室裏依賴精心的照料才可以成長，那麼，它雖然可以作為藝術的語言保持純潔，但是遺下的現實卻並非是純潔的。

　　文學不是自由的。矛盾永遠存在。一種現實總是配上另一種對立的現實。這就是格拉斯的社會觀和文學觀。如果

說，文學是自由的話，只能使用並保持反抗的權利，失去了反抗也就失去了主體的自由。格拉斯對自己的定位為：一個用「竊竊私語的過去時」敍述故事的中歐作家，一個持懷疑態度，在共產主義專政和無限制地進行掠奪性開發資本主義之間尋找第三條道路的社會民主黨人。當政治家以國家的名義要求作家寫「正面」的東西，「肯定生活」的東西時，他寫「反面」的東西，批判和否定現實的東西，不是唱讚歌而是控告和詛咒；當政治家誘導作家如何「克服歷史」的時候，他卻不斷地揭開傷口，不讓它過早地癒合。他站在東西方之間，也可以說站在任意一方的邊緣，不但不受國家理解力的約束，也不受各種思潮、主義、意識形態的干預，隨時發表他對人類事務的批評性意見。格拉斯以自己的寫作實踐表明，作家的反抗自由，是對權利和獨立人格的尊重，自由是個人尊嚴的代名詞。

在一個題為《德國的文學》（1979）的報告中，格拉斯表明，在對待文化和文學問題上，他對國家的作用持不信任態度。這種態度，與魯迅的「政治與文學的歧途」的命題頗為相近。他說：「國家認為文化是裝飾品，是確認書。有時候，它向文化提供資助，以便文化對它進行確認。因為國家是沒有美學的，所以要頒佈準則作為替代。」他指出，國家希望從文藝家那兒得到美化，所以喜歡尋找唱讚歌的歌手，並給予各種獎賞；相反，對那些異議者，批判性的作家，「害

群之馬」，則從來不曾停止過譴責。尤其是當國家遭到原來為自己所寵愛的作家拒絕時，這種譴責便愈發嚴厲，直至使用粗暴的手段予以實際解決。

納粹時期禁書、燒書、逮捕和流放作家的眾多事件記憶猶新。控制思想，言論和出版自由，對於一個知識分子作家來說是最敏感、最不可容忍的。所以在捷克的藝術家和科學家遭到壓制的時候，格拉斯及時予以聲援，他致信捷克斯洛伐克總統、黨中央第一書記諾沃提尼（Antonín Novotný），強烈要求給外國的同行以自由的權利。在題為《請給思想以自由》的信（1967）中說：

> 這些捷克的藝術家們要求是些什麼呢？發表意見的自由、思想的自由，取消文字審查。這些都不是什麼新鮮東西。對於言論自由的渴望，經歷了所有的專制統治並存活了下來⋯⋯捷克和德國的作家們在梅特溫、希特拉和斯大林的統治下都一如既往地發表他們的意見。沒有任何一個權力機構有足夠的手段將它完全壓制下去。這是因為人們對於能夠自由地表達擔憂、懷疑、批評以及發表解放性的言論的渴求遠遠大於他們對於虛假的安定景象的期盼，而這種虛假的安定景象正是某些國家，甚至是多個國家一直企圖以犧牲自由為代價強加給它們的民眾的。

英國印籍作家拉什迪（Salman Rushdie）因出版小說《撒旦詩篇》（*The Satanic Verses*），宗教領袖霍梅尼（Ruhollah Khomeini）對他下達處死令，並對所有通過翻譯、出版、銷售他的書，或者以其他方式支持他的人進行威脅。格拉斯認為，這一切都是對言論自由的額外打擊，造成的國際影響是史無前例的。由於柏林藝術科學院拒絕給為拉什迪而舉行的團結集會提供場所，格拉斯認為這是屈服於恐怖主義的壓力，逃避歷史責任和應盡的義務，於是公開聲明退出該學院。「你並不孤獨，」格拉斯致信拉什迪，說：「請相信，我嘗試着分享你日常的擔憂和微茫的希望，還有你從恐懼中鼓起的勇氣。」充分表現了一個自由作家的抵抗意識和道義感。

藝術的自由，確實只存在於重視全社會和個人的人權的地方。在一個人權狀況十分糟糕的國家裏，作家惟有同公民一道為爭取人權的普遍改善而鬥爭。這既是一種責任，一種義務，同時也是關係到自身利益的鬥爭。格拉斯指出：

> 無論在什麼地方，凡是藝術家的相對自由或者藝術家的特權地位是通過促使自己擺脫潛在弊端的社會狀況來換取，那麼，藝術家就會作為精英而自我孤立，就會滿足於遊戲場裏的自由。倘若他們的藝術以迷惑和遮掩的方式美化束縛自由的關係，那麼，這個藝術家就是更迭的政權的婊子。

但是，我們看到，愈是專制的國度，作家愈是追求特權，那裏的政府也愈是傾向於把少數御用文人保護起來而使之享有特權的做法。表面看起來是政府豢養文人，實際上兩者同為權力共生的產物。

文學藝術，就是依靠了自由抵抗而抵達未來的。格拉斯有這樣一個説法：

> 與其他藝術形式相比，文學更多地將有保障的前沿陣地，即未來看作是自己存在的一個前提，它生存的時間超過了專制的統治者，神學與意識形態的信條，一個接一個的獨裁……文學的歷史，是圖書戰勝書刊檢查員、詩人戰勝權貴的歷史。換言之，文學完全可以想念它的同盟者，無論其處境多麼糟糕，未來總是站在它一邊，西洛尼與莫拉維亞，布萊希特與德布林，他們比法西斯主義更持久，正如伊薩克‧巴別爾和奧西普‧曼德爾施塔姆比斯大林主義活得更長久一樣——儘管他們死於後者的迫害。

為什麼説文學更靠近未來，更持久呢？就因為它比起別的藝術來，更講究思想意義，更富有對抗性。在反專制，反迫害，反奧斯維辛的過程中，它喚回了許多東西，也創造了許多東西。

一個為逝去的時間寫作的人，一個始終不曾忘情於記憶的人，他的眼睛，卻一直在瞻望未來。出入於記憶與現

實，過去與未來之間，於是成為這位公民作家的人生的全部戲劇。

納粹的口號：「旗幟重於生命。」一個專制政體以無數無辜的生命捍衛一面旗幟，這個教訓是十分慘痛的。所以，格拉斯反對革命，包括歐洲 1968 年革命，比較地傾向於保守秩序。他害怕革命設置超人的目標，製造持續的反革命，結果以一種強制代替另一種強制，這是可以理解的。至於反對超黨派，則明顯與歐洲的黨派政治背景有關。但所有這些，都體現了他對現實介入的深度，對個體生命的實際境遇的關切。現代中國很少有像格拉斯如此忠實於一個記憶的作家，深入反思而且持續行動的作家，具有開闊的視界又執着於眼前事務的作家。他作為一場浩劫的無數倖存者之一經過奧斯維辛，奧斯維辛便因他而獲得了永久性的文學存在。

允許在奧斯維辛之後寫詩嗎？

格拉斯所做的回答是：不但允許，而且必須。沒有說出的事情必須說出來，不間斷的言說，不同方式的言說。文學惟有保持與人類苦難記憶的聯繫，它才是道德的、人性的、人生的；惟有這樣，它才可能返回人類的心靈，獲得為其他精神創造物所沒有的溫暖和力量。

這就是格拉斯的啟示的意義。如果說，這一意義在它的虛構性作品中是一種暗示的話，那麼在他的社會活動和日

常生活中，在他的隨筆和演說中則是直接的呈現，在那裏，每一個細節都閃耀着一個公民作家的良知、人道主義和自由的美德。

2004 年 3 月

存在的見證

在這樣的歲月中，沒有任何比荊冠更可愛、更美麗的東西……

——涅克拉索夫（Nikolay Nekrasov）《母親》

1

人生苦短，竟都頑強地致力於一種保存；窮達賢愚，概莫能外。

有這樣一具病弱之軀，從來未曾嘗受過青春的歡樂，便已屆垂暮之年。對於這生命，大約他也有着不祥的預感的吧，臨出遠門的時候，這樣對他的父親說道：

> 父親，我活了 35 歲，除了三本筆記，再沒有什麼可以存留的了。您為我好生放着，或許將來會有點用處……

第二年，他就死掉了。

闊人保存的是權杖、華宮、珠玉、美女，甚至屍體；而他保存的，惟幾個小本子而已。

2

張中曉——

倘使不是一隻扭轉乾坤的大手把這個名字寫進一條叫作「按語」的東西中去，世界上不會有人知道他。

當然這是一種假設。倘使名字與手無關，他根本不可能成為「胡風反革命集團」的要犯，於是也就不必坐牢，不必承受後來的種種災難；他會成為一位權威理論家，以等身著作贏得人們的妒美。但當然，這也是一種假設。一旦脫離了人生戰鬥而僅僅滿足於符號概念的擺弄，所謂理論家者，充其量只配是一隻雄視闊步的火雞，決不會成為鷹隼的。

3

張中曉是鷹隼。雖然失去了在世間搏擊的機會，但是，他擁有另一幅天空：三個筆記本便是他的羽翼，為他留下掙扎着飛行的帶血的記錄。

由於在那場著名的圍獵中被猝然擊中，他的目光變得更加銳敏了。從地面的草叢到天際的雲翳，他都逐一地搜尋過；他必須學會從風聲中聽到弓弦的顫響，從陽光的飛瀑中看到羽箭的閃光。他從傷口中發現世界。世界呈環形包圍他，重重疊疊，他便往不同的方位切入，直達事物的內質，並從中找到一種可怕的網狀的關聯。形而上學在哲學家那裏是一枚晶瑩剔透的水晶球，而在他這裏，則緊連着自身的生命，稍稍剝離，便見血肉模糊……

他喜談政治，而且幾乎一定是古代政治。在他那裏，好像距古代更近一些。關於政治，所談的範圍似乎頗偏狹，完全集中到政治哲學，尤其政治道德方面。他總是不忘把政治同權力聯繫起來，而權力是惡的：不是強暴，就是虛偽，即所謂霸道與王道。其實，兩者都是同樣通過對個人自由的干預來維持「天下太平」的。他說道，政治的道德性存在於純粹理性領域，而在實際運作中，就只餘流氓的跋扈了。

至於經濟方面，他極少觸及，最注目的一處是：「某些經濟學家的學說由於沉迷於抽象之中，忘記了人，忘記了領

有並應該相授一切財富的人。」各種經濟學說，無非環繞數學和邏輯推演，沒有誰用如此簡潔而豐饒的字眼來加以表述：人。在 50 年代後期，這個批判性結論無疑具有爆炸性的力量，但是它藏在一個語言的鐵殼裏面，沉默至今，而仍舊無人知曉。有一個叫沙夫的東歐人，十年二十年以後，同樣以「人」作為一種體系哲學的中心來建構他的理論，那結果，居然震動了大半個世界！

文化問題一樣是人的問題。不同於學者的是，張中曉沒有把文化看成是無所不包的自在的生成物，而是視作不同文化群體自為的和互動的過程。他特別重視國民的文化性格和文化心理。人們的恐懼、盲動、謹慎、溫和、折衷、順從等等，在他看來，都是統治集團的強迫主義和愚民政策的產物。這中間，當然也還有文人集團的參與。他對先秦諸子如申韓老莊一流的批判，用的簡直是庖丁刀法，洗練而深刻。他認為，中國的古文化，無論如何智慧和高超，要害是沒有通過個人，也即在於扼殺獨立人格和自由精神，對人是陌生的、僵硬的、死相的。

還有哲學、宗教、藝術、美，議論所及，都是歷史的陳跡。一個狂熱而荒蕪的時代，在他的字行中間一下子跳過去了。簡直不存在一點具體的面影。然而，那文字，卻又都處處喚起我們關於自己的曾經活過的記憶。

對於張中曉，寫作是苦難的歷程，或者可以說是絕望的煎熬。不要說帶着凋殘的肺葉執筆，備受生理的痛苦；也不要說作為戴罪之身，十面埋伏，動輒得咎；即使歷盡艱辛寫將下來，結果還得像陳寅恪說的「蓋棺有期，出版無日」。思想是現實的產物，它的生命，全在於參與現實的改造，而要像藏匿的文物一般等待未來的發掘，則遠違了創造的初衷，失去其固有的意義了。更何況，思想過的東西未必都能寫出；而寫出來的思想，又往往因為要回避危險而必須銼減原來的鋒芒呢！

幸好還有鋒芒！

4

在充滿敵意的環境中生活，人是很容易墮落為獸的，像張中曉這樣備受輿論的打擊、鐐銬的拘囚、親人的歧視與疾病的折磨者，很難想像不會變得浮躁、乖僻、頹喪、不近人情。

然而，聖徒就是聖徒，魔鬼就是魔鬼。

他的思想確實具有火和金屬的性質，但至剛至烈處，乃有水一樣的至愛柔情。他愛人類，即使遭到棄絕，這份深沉的情感依然支持着他，直到生命終結。所以，他才不斷重

複地説到道德，説到良知，説到使命和責任。在一個陷於仇殺的時代裏，有誰向我們説過這一切呢？而我們，又何曾想到過向自己和可望得救的子孫負責？

這個虔誠的道德論者，人成了他唯一的信仰。他的目光，總是犀利地穿透把人抽象化了的虛偽的群體結構而投向個人，複雜的生命個體。他譴責歷史上無數顯赫的帝國的罪惡，正在於它們以國家的至高無上的利益吞噬了個人的存在。他説：「一個美好的社會不是對於國家的尊重，而是來自個人的自由發展。」他對中土玄學的批判，也正因為它以一個「統一」的思想體系消滅個人自己；他認為，申韓的功利的原則是毀滅道德性的，而莊子的下賤的原則，則從另一形式放逐了道德性，結果泯滅了「人生的莊嚴感」。

人即個人。個人是不容褻瀆的，然而竟遭到了褻瀆！於是，他面壁呼籲建立「道德的民主」：在對於人性有獲得個人自由的能力的基礎上，關懷他人，尊重他人，以期獲得基於和諧而不是基於脅迫的社會穩定性。「道德的民主」這個概念，純屬於他的創造；而作為烏托邦思想，卻早已在人類的夢境中艱難輾轉了幾千年！

在論及「道德的民主」時，張中曉特別對「容忍」和「仁慈」作了比較。他認為，仁慈是一種恩賜，而恩賜是反道德的；容忍是人對人的關係，完全出於自由的心情。但是，主

張容忍，並不排除正義的憎惡和對壓力的反抗；不然，人性的道德就會變得萎軟無力。事實上，多年以來，人道主義本身不就是一隻極力逃避追捕的左右奔突的驚怯的兔子嗎！

5

就在周圍接連不斷的鼓角聲中，張中曉伏在黑暗裏寫下這一切：他的沉思，他的冥想。作為戰士，他失去了戰場；作為演員，他沒有觀眾；而作為人，也不能過正常的生活，剩下的權利，就只有呼吸和思想了。

因為思想，所以活着。——這是思想者的驕傲呢，抑或思想者的悲哀？

6

我知道張中曉為什麼要着意保存三個筆記本了。作為生命個體，那是思想剩下的最後的灰燼，所謂「此在」的唯一可靠的證明。

20世紀50年代，中國曾經出現過這樣一個青年知識者。他純淨、正直、熱情，結果因追求真理並有所洩露而罹禍。在一個高度重視意識形態的國度裏，思想犯所受的懲罰，並不比政治犯或刑事犯更輕一些。只是，他沒有向命運屈服；

在極度艱難中，終於為自己掙到了一截短暫的生命。就憑着這慘淡的生命之光，他堅持寫滿了三個用碎紙片裝訂成冊的筆記本。其實，那是三本書稿：《無夢樓文史筆記》、《狹路集》、《拾荒集》。

如果沒有了這三個本子，我們知道張中曉什麼呢？要徹底地消滅一個人，實在是太容易了！

7

我讀着友人從這三個本子中編選出來的文字，如同讀他生前為自己寫下的墓碣文。記得其中有這樣一段：

> 只要真正的探索過，激動過，就會在心靈中保存起來，當惡魔向你襲擊，它就會進行抵抗。即使狂風和灰土把你埋沒了，但決不會完全淡忘，當精神的光明來臨，你的生命就會更大的活躍。

作為精神實體完成的人，他已經作出了偉大的工作。他超過了神。而神是什麼呢？神不過是愚蠢的人們出於膽怯和無知，根據頭人的模樣虛擬出來的一個偶像罷了。

1993 年秋深時

讀顧準

航海是必要的，生命是其次的。

——北歐航海者言

1

當城頭變換了五星旗開始，三十年間，中國知識界幾乎只有兩副大腦在掘進：張中曉和顧準。

一個因思想而罹難，一個因罹難而思想；一個傾全力於批判，一個在批判中建設；一個如電光石火般來不及引燃便熄滅了，一個長期在釜底下自我煎熬。他們中誰也不認識

誰，卻一前一後在摸索民族的出口：一個朝東，一個朝西。方向完全不同，由於思想的深度，終至於在黑暗中匯通。

前進是那麼艱難：貧困、飢餓、疾病、孤獨、各種羈限，逼拶和毀損……惟靠良知給個人以支持。對於他們，夜與晝是沒有區別的；綿延中照例地吞咽書本，反芻苦難，舐滴血的傷口。他們用筆，默默記錄精神潛行的歷程，此即所謂道路。然而，這道路並非為世人準備的，——他們深知，他們是遠離了權力，而且為權力所嫉恨的人。

當知識分子尚未形成獨立的社會力量的時候，任何先覺者的對抗話語，都是大夜中的夢囈。

2

利用知識進行思想，於是成了知識分子的全部工作。脫離思想的知識性操作，其實相當於一般的「活計」，是可以導致知識分子角色的消失的。

沒有平和的思想。

對於傳統社會，任何思想都帶有顛覆性質。所以，真正的思想者，就其本質來說都是異端。他們雖然各各借了文字符號的形式，無聲地顯示單個的存在；然而，一旦破譯出來，仍然無法逃脫「國民之敵」的惡名，從而遭到合理的誅殺。

思想是危險的，無論對於社會，還是思想者自身。

知識分子無力抵抗現實的威逼，惟有進入思想領域，才可以挑起犄角，使用牙齒。

顧準遭到革命的遺棄以後，在這個世界上，再也得不到人類的庇護，包括母親。在同來的道路上，妻子早已自殺。於無助中，他只好伸手乞求兒女們的寬恕，直到死神降臨；可悲的是，革命的新一代最後並沒有跨出站定的門檻。

他需要溫情，那麼渴待；

可是，當轉身面對眾神時，竟只有劍和火焰了！

顧準：「不許一個政治集團在其執政期間變成皇帝及其宮廷。」

顧準：「我還是厭惡大一統的迷信。至於把獨裁看作福音，我更嗤之以鼻。」

顧準：「惟其只有一個主義，必定要窒息思想，扼殺科學！」

史官文化；寡頭政治、大一統、「普遍的奴隸制」；僧侶共產主義、斯巴達平等主義；當代的政治權威和思想權威；流行的「目的論哲學」和辯證法；唯理主義、一元主義、「欽定的絕對真理」……

人與非人的區別是最根本的。思想者顧準，當然無法容忍一個社會對人的全面控制和徹底剝奪。從政體、黨派、

主義，到各種價值與方法，他都堅持認為，人們有權獲取選擇和拒絕的自由。

「我憎恨所有的神。」普羅米修斯説。

「我憎恨所有的神。」顧準重複説，恍如千年空谷的一個回聲。

3

作為竊火者，顧準處於地下狀態。

思想如同火種，從閃耀的瞬間開始便處於地下狀態。企圖給予流布或竟予流布，是另外一些人的事情，也許永遠不是一個人的事情。但當思想終於像野火一樣肆意蔓延的時候，它已經脱離了個體，完全屬大眾社會了。

至於統治集團，永遠不可能產生思想。權力是絕對的，思想是相對的；權力是箝制的，思想是敞開的；權力是守成的，思想是改造的，因而是富有活力的。思想一旦為統治者所佔有，必然變得僵化起來。

西諺云：「播種龍種，收穫跳蚤。」可怕的是，無論如何衍變，個人思想一旦成為社會思想，那結果，常常要改變初衷。

一個新生的、進步的思想遭到普遍的敵意和漠視是可能的；先知往往被釘死。也有陳腐的思想，因為戴了假面而引起宗教性狂熱的時候。

我們畢竟生活在「史前時期」。

在封閉性社會，除了運動與潮流，思想的日常滲透是十分困難的。倘一定要把思想灌輸給大眾而又要避免犧牲，便須演說，辯論，出版小冊子。中世紀宗教裁判所的火堆和十字架是有名的，法國的《百科全書》同樣是有名的。

思想不會停留在意識表層，它將自然沖決理性秩序而進入情感世界；正如暴雨為密雲所孕育，卻終於穿透鳴雷和閃電，重返大地，喚起被壓抑的生命，愛欲與激情。

4

一部《顧準文集》，幾乎言必稱希臘，其實所言並非希臘；正如言不及中國，其實所言全在中國。

「歷史有什麼作用？」大歷史學家布洛赫（Marc Bloch）居然這樣發問。

時間環繞我們，承載且推動我們，而我們常常無從感知歷史的存在。其實，存在於廢墟、古堡，和一些殘篇斷簡之中的歷史只是死去的部分歷史；還有另一部分，那是活的

歷史，早經深入現實而成為命運的一部分。因此，當我們提及歷史時，所指就不僅僅是記憶而已。

與其說總結歷史，毋寧說清算歷史。

大至國家、民族、政黨、教派、領袖人物，小至經典、訓誡、定理、公式、符號，無一可以逃避後來的清算。傳統愈久遠，積累愈深重，清算便愈迫切。

作為個體思想的最沉實，也最具挑戰性的表達，顧準的著述，乃緣於某種現實的使命。

在相當長的時間裏，他一直用經濟學的刀法解剖社會；當他了解到資本主義並非純粹的經濟現象，而同時也是一種法權體系時，便繼續向歷史學、政治學、法學、文化學作突擊般的求索了。對於他，任何工作，任何學科知識，任何文字，都在奔赴同一個目標。他翻譯熊彼特（Joseph Schumpeter）的《資本主義、社會主義與民主》（*Capitalism, Socialism and Democracy*），據美國學者海爾布羅納（Robert Heilbroner）說，該書所以從馬克思開始論述，是因為，「只有馬克思是他真正的對手。」又說，「熊彼得的論點，卓越之處在於他在馬克思的範疇中擊敗了馬克思……」

廣場上的人們，曾經一度為真假馬克思主義而爭吵不休；可是，數年以前，一個歸來的流放者，已經在黑屋子裏暗自鑒定馬克思主義的真假了。

思想的全部力量在於批判。

批判的外向為文化批判，內向為自我批判，二者統一於同一主體。批判不是審判；審判是下行的，而批判是上逆的。顧準的批判對象主要是政治文化，權力文化。他是由文化批判而達於自我批判的，所以，《文集》沒有古代聖者的道德內省，多是信仰的檢討和觀點的校讎。

真理是殘酷的。

真理穿透個人而把許多貌似堅牢的信念摧毀了。任何思想的誕生，必然伴隨着懷疑、困惑、感悟、瞻望的躁動與訣別的痛苦，伴隨着舊日的挽歌。

思想者由於致力於現實鬥爭，一般而言，其結論難以超越某個時段。世道滄桑，人生苦短，多少思想文本被埋沒於地底下，未及聞見聲光，匆遽間便成「文獻」了。這時，有誰可以從發黃的紙頁間感知其溫熱，想像過為此消磨的許許多多於淵默中沸騰的夜晚？誰能為這場無用的戰鬥與無聲的毀滅而悲悼？

5

顧準坦言自己是一個傾心西方文明的人，總有拿西方為標準來評論中國的傾向。其實，這類備受攻訐的「全盤西

化」論無非表明：只有借異質性的文明，才能擊破固有的深具整合能力故而滯重無比的傳統結構，而與進步人類相溝通。

魯迅：「哀其不幸，怒其不爭。」

顧準：「民主不能靠恩賜，民主是爭來的。」

與普魯士王室的有學問的奴僕黑格爾的「現實即合理」的哲學不同，立足於爭，其思想維度是指向未來的。

歷史與未來成了現實的兩大參照。

或者可以更準確地說：未來提供了價值觀，歷史提供了方法論。

方法論並非純粹的工具論，不能引進，也不能仿造。方法論與價值觀同在，而容涵了價值觀。

思想的性質是以偏概全的。

戰鬥的思想者幾乎全數偏激，偏到極致。五四時代，「打倒孔家店」的口號即是。然而，一場廝殺過後，戰士紛紛卸去盔甲，換上布袍，以論戰為可懺悔之事；收集舊作時，亦每每因其過激而不惜刪汰。戲劇性的是，運動中總體的戰鬥傾向，復為歷經文化洗劫之後的新一代「學人」所詬病。據說他們的學術要純，要平正通達，要不偏不倚；這樣，思想便死掉了！

集眾的偏，是必須以自由為先導的：言論自由、新聞自由、出版自由、學術自由、批評自由……

自由是夢中的天地。思想者於是戴着鐐銬，從無邊的荊棘地裏蹣跚至今！

6

人民何為？

顧準認為人民在政治上永遠是消極被動的，在大眾中間，實行直接民主是不可能的。為此，對於馬克思在《法蘭西內戰》中對巴黎公社的肯定，他直率地表示異議。相反，對致力於批判且不善感恩的「精神貴族」，他頗為欣賞；並且建議多加培養，說是：「『貴族』多如過江之鯽，他們自然就『貴』不起來了。」

表面上看來，顧準之論頗近鼓噪一時的「新權威主義」；究其實，他的主張是以貴族消滅貴族，以權威消滅權威。在他這裏，權威不復是絕對的，而是更新的。一言以蔽之，可謂有「權威」而無「主義」。

啟蒙是長期的，因為思想是長在的。

所謂思想，首先應當交付給誰？

思想者從來強調自我承擔。霍克海默（Max Horkheimer）與阿多諾在《否定的辯證法》中有一段話說：

> 我們所疑慮的並非遍佈大地如同地獄一般的現實圖景，而是沒有衝破這種現實的合適機會。在今天，如果還存在着我們可以把傳遞信息的責任交付給他人，那麼，我們決不饋贈給那些「大眾」，也不饋贈給個人（他已無力），而是饋贈給一個想像中的證人——只要他不會與我同歸於盡。

所說「想像中的證人」，其實就是「我」自己。出乎自我，返乎自我，——思想是無援的。

思想者惟以孤獨顯示強大。

古人說「膽識」，膽是先導的。

所以，顧準說到盧梭（Jean-Jacques Rousseau）時，首先讚賞的就不是智慧和靈感，而是勇氣。他重複說到勇氣問題；而勇氣，是直接與實踐相聯繫的。

思想者具有實踐的品格。可以是社會實踐，也可以是思想實踐，即思想返回思想者自身。只要思想着便是美麗的，即使是烏托邦思想。

從理想主義到經驗主義，從詩到散文，顧準燃盡了自己的一生。對於他，人們到處頌揚那最後的奪目的輝光，此時，我寧願讚美初燃的純淨的藍焰。

7

人們常常稱引海德格（Martin Heidegger）的「返回精神家園」的話，作為人文科學的本質的説明；顧準則常常稱引國人魯迅的「娜拉走後怎樣」的話，作為個人精神求索的中心主題。

「返回」與「出走」，是形而上哲學家與形而下思想者的全部的不同。

顧準也是娜拉。

他必須直面「出走」以後的困境。但是，無論如何，他絕不會重新回到老地方，即使那裏有着庸人共享的幸福與安寧。

「出走」是一個人終生的事。

然而，顧準説：「娜拉出走了，問題沒有完結。」

1995 年 6–7 月

且說灰皮書

如果不是生在京滬等大都市，又不是高幹子弟或與這類子弟有瓜葛者，同為「共和國」的同齡人，當不識「灰皮書」為何物。這種特殊出版物面世之時，正值一代人處於思想匱缺，知識貧乏而求知欲又特別旺盛的青春歲月。當我們告別青春的時候，灰皮書已經成為歷史。

其實，這類書一直在極少數人那裏流通，雖然起過一定的作用，但是始終有限，總的來說是寂寞的。而今，部分已經解禁出版，但是仍有相當大的部分付與塵封。有的在世界上產生廣泛影響的著作，如吉拉斯（Milovan Đilas）

的《新階級》（*The New Class: An Analysis of the Communist System*），至今不見重印。

但不論如何，灰皮書的出版，在中國文化出版史上佔有重要的位置；在現代世界出版史上，也是極具中國特色的。

目前，坊間所見的，有兩種關於灰皮書的書，一種是2007年廣州花城出版社沈展雲著的史話《灰皮書，黃皮書》，主要是一些重要的灰皮書的思想撮要；另一種是今年（2015）由灕江社出版的鄭異凡主編的史料集《灰皮書——回憶與研究》。後者最可珍貴的地方，是當事人專為本書撰寫的紀實部分，可知編者意在「搶救遺產」。兩書一微觀，一宏觀；一橫斷，一縱剖，合起來看倒也不失為一部完整的皮書史。

時代罅縫中的產物

關於灰皮書，溯其源頭，當從蘇聯體制說起。這是一個號稱「無產階級專政」的國家，不問而知，也是意識形態專政的國家；從布爾什維克到蘇聯共產黨，時刻不忘捍衛政治組織及其意識形態的「純潔性」。當時，有所謂「第三國際」，[1] 其實為莫斯科所控制。二戰結束後，雖然「第三國際」

1　1919 年 3 月，第三國際在列寧的領導下成立。這是一個共產黨和共產主義組織的國際聯合組織，並於 1943 年宣告解散。

解體，但蘇聯很快把東歐一批被「解放」的國家納入其勢力範圍，並以同樣模式，強加於中國、朝鮮、越南等亞洲國家。

上世紀 50 年代中期，「冷戰」時代開始形成。為了共同對付西方「帝國主義陣營」，蘇聯一貫強調以它為核心的「社會主義陣營」內部要團結一致。然而，強行的統一是不可靠的。兄弟鬩於牆。與西方的對峙猶未解除，東德政府甚至築起長達 28 英里的柏林牆。想不到的是，東方陣營中已經開始了另一場「熱戰」。

早在 1956 年蘇共二十大時，赫魯曉夫作出反對斯大林的秘密報告時起，在有關斯大林評價，以及國際共運的一些重大問題上，中蘇兩黨便已出現分歧。隨着赫魯曉夫對「三面紅旗」的批評，分歧進一步擴大，並由此造成兩國關係的高度緊張，以至於完全破裂。

1960 年初，毛澤東決定公開批判現代修正主義，[2] 由此揭開國際反修鬥爭的序幕。這一年 4 月，值列寧誕辰九十周年之際，《紅旗》雜誌和《人民日報》分別發表了三篇保衛列寧主義的大文章，不指名地批判了蘇共赫魯曉夫的「修正主義」。蘇共隨即予以反擊，有趣的是，對方的文章同樣把「修正主義」作為背叛馬列主義的代名詞。

---

2 修正主義是指對革命前途或無產階級有妨害的理論。現代修正主義則認為馬克思、列寧主義已過時，否認馬列主義基本原則。中共與蘇共反目後，中共指蘇共為現代修正主義。

從葛蘭西（Antonio Gramsci）的文化觀點看來，無疑地，這是一場爭奪「霸權話語」的鬥爭。這時，中共中央成立了以康生為組長的反修領導小組，並由中宣部調集理論界的精英分子組成寫作班子，組織和蘇共的大論戰。從1963年9月至1964年7月，近一年間，以《人民日報》和《紅旗》雜誌編輯部的名義，陸續發表了九篇評論蘇共中央公開信的論戰文章，統稱「九評」。當時，「九評」被印成小冊子，作為重要的政治文件在全國組織學習。

為了確保寫作班子寫好「九評」，需要組織另外的翻譯班子提供相關的參考資料，也即「炮彈」；同時供高級幹部作「內部參考」，於是有了灰皮書的製作。

灰皮書的出版始於1961年，隨着反修鬥爭及國內外政治鬥爭形勢的變化，前後情況有所不同。1963年到1964年是灰皮書的出版高潮，1966年「文化大革命」開始後被迫中斷，1972年恢復出版，至1980年結束，共出書二百多種。1980年，由國家出版局統籌出版一套名為「現代外國政治學術著作選譯」的大型叢書，帶有類似灰皮書性質，選題內容及發行範圍都有所擴大。但是，等到1984年「清除精神污染」運動一來，計劃也就一併被「清除」掉了。

整個六七十年代的思想路線是教條主義的，今天我們使用了一個確定而又籠統的術語來界定，叫「極左」。灰皮書既被定性為「毒草」，在國際共運歷史上，曾經反對「馬

恩列斯」的老牌機會主義和修正主義者如巴枯寧（Mikhail Bakunin）、拉薩爾（Ferdinand Lassalle）、鮑威爾、伯恩施坦（Eduard Bernstein）、考茨基（Karl Kautsky）、托洛茨基（Leon Trotsky）、布哈林等人就成了首選對象，先後出版了多種言論集。關於現實政治有兩個路向：一者針對赫魯曉夫和蘇共領導集團，二者涉及鐵托集團和南斯拉夫改革。中國農村後「共產風」時期實行「三自一包」之類的一些政策性變化與南斯拉夫的經濟改革不無相似之處，且遠不如後者的全面而深入；即便如此，後來也被當作「資本主義復辟」進行清算。

後幾年出版的灰皮書，比較集中地針對蘇聯，或者是一些領導人的回憶錄，或者揭露蘇聯內幕。文革後期，有一本《蘇聯是社會主義國家嗎？》，性質近於灰皮書，卻是棕色封面，雖然也標明「內部發行」，但發行量似乎頗廣。

灰皮書是時代的產物，準確一點說，是時代的罅隙的產物。如果不是因為產生了中蘇的裂隙，我們在一個封閉的環境裏，可以想見，是根本不可能看到像灰皮書這些異質性讀物的。正如文革，不同的政治集團的崛起與覆滅，造成了一個特殊的語境，其間的矛盾衝突所造成的裂隙，打破了原先的鐵板一塊，暴露了不少歷史的真相。正因為如此，灰皮書不能不打上時代的鮮明烙印。可以看到，每種書的前面，必不可少地印有前言或按語，是按當時的意識形態的要求，

並根據《聯共（布）黨史簡明教程》相關的歷史結論撰寫的，基本上是一個腔調。這些前言按語，就是灰皮書的「通行證」。不過，在灰皮書已然成為歷史許久，通行證仍被採用，可見意識形態領域的鬥爭是長期的，不會輕易放棄。

個人的作用

就在中國製作灰皮書的六七十年代，蘇聯東歐等國家出現了一個被稱作「薩米亞特」現象，湧現出一批「自發性刊物」，明顯的反體制，因此只能在地下出版和傳播，跟中國的灰皮書由官方有計劃地正式出版很不相同。按規定，灰皮書屬內部發行，但是，在流通過程中卻遠遠超出原定的範圍，因此，這類圖書的流布，便多少有了一點「薩米亞特」的況味。

為什麼中國有灰皮書而沒有「薩米亞特」？正如在蘇東有「薩米亞特」而沒有灰皮書一樣，大約這同共同體制中的某些偶然性、差異性有關。「非斯大林化」運動之後，蘇東國家大體上實行所謂「集體領導」；就拿赫魯曉夫來說，他也無法做到由個人解決重大的政治問題，結果反為集體所廢黜。比較而言，中國是高度集權的，所謂「一元化領導」，最高領袖的個人觀念、意圖與意志在整個政治過程中帶有決定性的作用。文革的發生，就是其中一個標誌性的事件。

灰皮書的出版直接出於毛澤東主席的指示並非偶然。一，他是贊成權力集中的，所以有「馬克思加秦始皇」的説法。他對赫魯曉夫的否定，也主要表現在反對斯大林的「個人崇拜」上。二，他從來重視意識形態鬥爭。1949年建國後，接連一次又一次的文化批判運動都是由他發動，並且直接領導的。三，在他的鬥爭觀念和「矛盾」理論中，從來重視「對立面」，沒有對立面也要人為地樹立起來，甚至不惜擴大化，以確保消滅隱患於萌芽狀態。四，從青年時起，崇尚自由意志，「和尚打傘，無法無天」。性格中無視軌範，不懼「異端」，不畏孤立，至晚年仍有「反潮流」之説。

可以設想，如果沒有毛澤東富於個人魄力的設想，便沒有灰皮書這樣製造「異端」的工程，雖然「異端」出現以後，仍然處在「內部發行」這樣一種半禁錮的狀態。

從延安整風時候開始，康生一直是毛澤東倚重的意識形態鬥爭的推手。在60年代後反修鬥爭中，康生仍是統軍人物，灰皮書的製作，即由他授命發動。據説灰皮書的稱號、裝幀形式及內部發行辦法，也都是由他提出來的。

毛澤東對於翻譯出版「老機會主義」、修正主義分子的著作有過多次指示，這些指示，多由康生通過主管宣傳工作的領導層層下達，然後由編譯局根據指示的精神加以落實。

康生説：「主席要我們編修正主義文章彙編，伯恩施坦、考茨基、普列漢諾夫（Georgi Plekhanov）、托洛茨基這些人

的著作，要有系統地出一些書。」還説，毛澤東看了《伯恩施坦考茨基言論選》後很有興趣。毛澤東曾經特別指示過，要儘快把托洛茨基的主要著作翻譯出來參考。當這些書出來以後，康生第一個對中宣部的姚溱和包之靜説：「你們做了一件好事，主席講了幾年了，現在總算出了，你們要把這些書收集齊。」

《灰皮書》載有當年主持編輯《外國政治學術書籍編譯工作簡報》的馮修蕙的回憶，説毛澤東辦公室電話通知，要一本美國人泰勒寫的有關美國新戰略方面的書，説毛澤東喜歡看這類書，要中宣部送過去。還有回憶説，中央辦公廳曾下達通知，「灰皮書」購書證要送江青。文革初期，江青曾經有過一個講話，宣稱她是毛澤東在文藝戰線的流動哨兵。通知還説，灰皮書每次要送毛澤東秘書林克若干本。

從康生到中宣部乃至相關機構的工作人員，都知道毛澤東對這些「異端邪説」有一種特殊興趣。當然，也不能説康生周揚等人對此不感興趣，但是，他們沒有出版「毒草」的權力。在當時，沒有人可以擔受如此重大的責任。

據説，南斯拉夫實踐派哲學家代表人物普・弗蘭尼茨基（Predrag Vranicki）出版了一部《馬克思主義史》，最早引起中宣部副部長周揚的興趣。隨後，由中央理論小組要求中央編譯局譯出該書目錄並寫出簡報送中央。1962年6、7月間，目錄和簡介先由編譯局報送康生、陸定一、陳伯達、

周揚、許立群、姚溱、陳道和胡繩等，並由康生辦公室轉送中央。在接獲鄧小平批示後，中宣部立即開會討論組織翻譯力量，並指令儘快譯出。編譯局南斯拉夫組共組織了二十多人進行翻譯，跨部門運作，不到半年譯竣，於次年二月由三聯書店作灰皮書出版。

從此書的成書過程可以知道，當時中央對意識形態的管理，是何等的嚴密。

《灰皮書》有回憶說，康生對《馬克思主義史》同樣饒有興趣，當他把書拿到手時，非常高興地對寫作班子說：「好書來了，好書來了！你們都應該看看！」不免令人想到史書上的所謂「亂臣賊子」，所作所為固然為了討好「聖上」，在他的督促下灰皮書得以源源不斷出版，這也不是沒有為了滿足一己私欲而假傳聖旨的可能。

生產者：專家與「廢物」

《灰皮書》所載鄭異凡、張惠卿、殷敘彝的文章，對灰皮書的由來，從策劃、編譯到出版的全過程做了相當詳細的說明。

灰皮書不是一般圖書，它的出現本身就是反修鬥爭的一部分；作為一項政治任務，毫無疑義地必須加強黨的領導。出版灰皮書的工作由中宣部統一領導和部署，部長陸定

一指定中宣部出版處具體負責,並在中宣部內特設了一個外國政治學術書籍編譯辦公室。承擔灰皮書的規劃和翻譯任務的是中央編譯局,人民出版社也成立了國際政治編輯組,負責部分編譯出版工作。出版單位除人民社(用副牌三聯書店名義)外,還有商務印書館、世界知識出版社和上海人民出版社。人民文學出版社只負責出版「黃皮書」,即文藝方面的大「毒草」。

中央編譯局是整個灰皮書製作工程的樞紐。據編譯局人員回憶,當初下達編譯灰皮書的任務時,氣氛相當嚴肅,有點像下達「戰前動員令」一樣。的確,書目的確定和繁重的翻譯任務都要在有限的時間內完成,工作是非常緊張的。

首先是擬定書目。中央編譯局共產主義運動史資料室(簡稱「國際室」)利用該局既有的資料,又查閱了全國各大圖書館的中外文目錄,編印出一份《修正主義者、機會主義者著作目錄》。接下來,就是搜尋原著的工作。

看了張惠卿的回憶,可以知道原來文本的收集有多麼困難。他說因為所列書目多是幾十年前的著作,不但國內沒有,國外也很難找到。譬如托洛茨基著作,蘇聯從 30 年代起就已經把他的著作清除淨盡了,只好從蘇聯幾十年來出版的《真理報》、《布爾什維克》雜誌和有關報刊一頁一頁地翻找,才能找到托洛茨基的一些重要報告和文章,但還不是他的系統著作。其他人物的著作,其實也不容易找到。除了

中央編譯局，還動用了中央聯絡部和其他一些部門的力量，對國內各大圖書館，包括清華、北大、中國科學院等圖書館搜集，還派專人到國外搜購。

當時，有人提到中國的托派組織過去曾經翻譯和出版過不少托洛茨基的著作。1952 年，公安部門在全國進行過一次統一的「肅托」行動，把各地「托派分子」一網打盡，全數逮捕收審，家中的托洛茨基著作亦已全部收繳。其中，上海「托派」人數最多，倘使他們被收繳的托洛茨基著作被集中存放而又未及銷毀，則有可能成為一個重要來源。

為此，張惠卿奉中宣部之命，專程趕赴上海。在上海市公安局協助之下，幾經周折，終於在公安局的一間倉庫的角落裏，找到久被遺忘的一批托洛茨基著作。他說花了整整半天時間，在積滿灰塵的書堆裏揀出二十多種中譯本，還有幾種法譯本和英譯本，經上海市公安局同意，全部帶回北京。

還有一個來源，就是原中共「一大」代表、著名「托派」劉仁靜。他曾在 1929 年到土耳其專門拜訪過被斯大林驅逐出境的托洛茨基。當時，他被安排在人民出版社任特約翻譯。當他得知準備出版托洛茨基著作而又苦於找不到原著時，主動將他珍藏了三十多年、由托洛茨基本人親贈給他的七本《托洛茨基文集》原版奉獻出來。

把書找來以後，就是組織翻譯隊伍。除了中央編譯局原有的翻譯人員外，幾家出版社還組織了一批通悉外文和理

論的專家參加。由於人手不夠，開設了德文、法文和南文（塞爾維亞文）的短期培訓班。在速成班裏，請專家教發音，教文法，學員以自學為主，互學互教。「南文班」在高級黨校內舉辦，還動用副校長艾思奇出面主持。辦班僅半年，學員便集體翻譯了兩部南斯拉夫著作，共一百多萬字，完全是突擊的方式。

沈昌文在回憶中談到「廢物利用」，是指另一支翻譯力量。所謂「廢物」，是指有學問但在政治上有問題的人。沈昌文列舉了幾個人，其中有李慎之、董樂山、施咸榮等人。李慎之是新華社右派改造隊的隊長，董樂山是「極右分子」。他們後來翻譯了《第三帝國的興亡》。此書作為史學著作，是有爆破性的政治思想含量在內的。施咸榮有特務嫌疑，文中說他趁幾次出國的機會，在美國的圖書館挑選舊書，裝箱，運回北京的事，雖然記敍簡略，其中對西書的傾心及傳播的熱心，仍躍然紙上。沈昌文還提到兩位「廢物」，一位叫馬元德，通英德語，對羅素有研究。據說因為他在北大時對蘇共二十大說了一些當年不該說的話而被打入冷宮，畢業後幾乎失業。另一位是王蔭庭，俄語專家，不知何故被組織上目為異端。他們都成為灰皮書的重要譯者。用「極右分子」、「反動分子」翻譯機會主義、修正主義者的書，實在是頗具戲劇性的事。

沈昌文還説到另一批「廢物」，就是北京清河勞改農場的犯人。據説北京市把他們組織起來，從事翻譯，發表時一律用筆名「何清新」（「何清」指「清河勞改農場」，「新」指「自新」）。因其中頗多偽滿時期的高官顯貴，故譯日文甚佳。

　　因為是「廢物」，所以，他們的勞動並沒有得到尊重，有的譯著並沒有印上譯者的名字。比如《托洛茨基反動言論摘錄》，沒有出版單位，沒有出版時間，但也沒有編譯者的名字，成了「三無」圖書。《布哈林言論》於 1976 年 3 月由三聯書店出版，署名「機會主義、修正主義資料選編編譯組」。沒有編譯者的名字，完全以集體的名義吞沒個人，編譯者的名單直到後來也難以恢復。

　　至 1964 年，因中宣部跟編譯局領導到農村參加「四清」運動，[3] 其時，赫魯曉夫也已下台，國際形勢相對緩和，灰皮書的進度便隨之放緩了。

　　1966 年「文化大革命」爆發，灰皮書的工作完全停頓下來，有關的單位從上到下都受到運動的衝擊。中宣部被當

3　1963 年，中國農村逐步開展政治運動，意圖「反修防修」，防止演變。四清運動最初是「清工分，清帳目，清財物，清倉庫」，後來擴大為「大四清」，即「清政治，清經濟，清組織，清思想」。

作「閻王殿」，出版灰皮書的工作，罪名是提供「反黨炮彈」、「鼓吹修正主義」、「大放毒草」。而參與灰皮書工作的翻譯隊伍，批鬥的批鬥，關押的關押，流動的流動，此時也在運動的衝擊之下潰不成軍了。這種情形，可謂玉石俱焚。

禁區及特殊處理

在上世紀 60 年代，就整個政治文化環境來說，根本不可能打破思想禁區。可是，灰皮書的製作又恰恰是發生在禁區中的事，這就不能不要求在製作過程中，必須講究策略，拿出特殊處理的辦法。就是說要催生「毒草」，又要免除中毒；用毛澤東的話來說，還要鋤掉肥田。

全部的灰皮書所以要有前言、按語之類，其作用首先不在一般的概述和介紹，而在於政治定性。而所作的提要，「提尖」（在提要中特別提示「尖端言論」），包括正文中用黑體字標示明顯的反動觀點等，重點都在於「消毒」，表明編譯者所持的正確的立場觀點。在這個部分，那種為批判而批判的隨意性表現特別明顯。當時就使用了文革「大批判」的語言。為了顧及現行的意識形態，先做結論，再作論述，毫無科學性可言。

在《灰皮書》中，有幾位當事人對當年隨意抹殺、歪曲和篡改事實真相的做法，作出深刻的反思。殷敘彝指出，對

於機會主義、修正主義代表人物的思想的複雜性、獨特性缺乏根本認識。這些人物有的曾經是馬克思主義者，他們的許多著作也可以說是馬克思主義著作，至少是有價值的著作，但是由於只從修正主義、機會主義着眼，對這些著作完全視而不見。他以伯恩施坦和考茨基為例。伯恩施坦就曾經是馬克思主義者，他編輯《社會民主黨人報》時起了很重要的作用，得到恩格斯的稱讚。但是，當時在挑選他的著作時，對這些根本不予考慮。以列寧的觀點看，考茨基早期還是「偉大的馬克思主義者」，後來才成為機會主義者。殷敍彝說他在為《考茨基言論》寫序言的時候，對前者都是隻字不提，只提列寧說他是機會主義者。

其次是繞開禁區，回避事實。比如，托洛茨基在中國革命問題上與斯大林存在重大分歧。正因為他對斯大林有過批評，所以在編選托洛茨基著作時，就主動回避了這方面的內容。直至20世紀末，由沈志華主編的《蘇聯歷史檔案選編》，其中亦避開了涉及中國革命的材料。德國共產黨創始人盧森堡同列寧在建黨、民族自決權等問題有過爭論，在多種著作中對十月革命及布爾什維克黨人包括列寧有所批評，斯大林給她加以「半孟什維主義」的惡諡，甚至把她和托洛茨基聯繫到一起，因此在蘇聯國內，認為「盧森堡主義」是「反列寧主義」、「反共產主義」，她的許多著作是被禁止出版的。在中國，對盧森堡的評價無疑地要受到蘇聯的影響，她的文

集到 80 年代中期才得以出版；此前，中央編譯局國際共運史研究室曾以內部刊物《國際共運史研究資料》的名義，出版過《盧森堡專輯》。那時，在介紹她的重要著作《論俄國革命》時，其中「自由是持不同思想者的自由」一段話在《人民日報》發表時被刪去。

對原文本進行閹割、刪除，其實在灰皮書中還不算很常見的現象，主要是因為有了書前的批判性介紹，保證了一定的「安全系數」。《馬克思主義史》在 1962 年作為灰皮書出版後，1986 年至 1992 年又陸續翻譯出版了增訂版。這時，灰皮書已成「紅皮書」，但是，《中國和馬克思主義》一篇卻刪掉了涉及「反右」和「文革」的第二章，反而不如灰皮書的完整。

至於有的禁區，是規定不能涉足的。據鄭異凡回憶說，托洛茨基有一本自傳《我的生平》，實際上是一本回憶錄，直到 80 年代才從國外購得原版。他在 1989 年夏完成了全書的譯校工作，然而，譯稿在京滬兩地輾轉了十多年，直至 2007 年才由上海人民出版社出版。他還說及布哈林的「脫灰」過程。作為灰皮書出版的《布哈林言論》，所選文章都是被列寧和斯大林批評過的，每篇編者按都引用列寧和斯大林的言論，前言也不能陳述布哈林的真實思想，完全以列寧、斯大林的言論為準繩，而把布哈林思想中的正確的、優

秀的部分剔除了。直至 1978 年，鄭異凡寫了一篇《重評布哈林的「階級鬥爭熄滅論」》，為布哈林遭到批判的階級鬥爭觀點辯護。因為事關重大，他把文章交給局領導審閱，結果幾乎被壓了一年。1984 年，應當在「清除精神污染」運動前後，鄭異凡又應約寫了一篇《論布哈林社會主義經濟建設思想》，稿子送至人民出版社，結果拒絕出版。據沈昌文回憶，1981 年間，《讀書》執行副主編史枚曾謀求為布哈林恢復名譽，到處向高級幹部陳說，要求向中央反映，遭到「嚴厲苛責」後，於當晚腦溢血去世。

在理論上，「思想無禁區」；但是，在實際工作中要解除體制、傳統、權威所給予思想的限制，卻是一件困難的事。人類政治思想上的進步，需要思想者的抗爭，需要一代又一代人的持續努力。時間其實是惰性的，它只是為現實證明，卻並不能說明一切。

編譯者：種瓜得豆之一

在康生一流看來，灰皮書的編譯人員不過是從事製作的工具，並沒有所謂「主體性」可言，惟按權力意志行事而已。然而，正如當事人所說的，這些灰皮書為他們「打開了一扇別樣窗口」，讓他們看到了歷史的奧秘，看到了另一種

思想風景的迷人之處。此後，他們已經不滿足於佔有資料，而是從編譯出發進行研究工作，以致後來居然站到被批判的機會主義、修正主義者一邊，做起了他們的辯護士。這是灰皮書的「始作俑」者，甚至連編譯者本人所始料不及的。

1961年12月，鄭異凡接到一項任務，負責核查斯大林批評列寧夫人克魯普斯卡婭（Nadezhda Krupskaya）的材料，據說這是蘇聯保衛斯大林委員會委託代為核查赫魯曉夫秘密報告對斯大林的各項攻擊中的一項。他根據在蘇聯留學時接觸到的文字材料，寫成《關於斯大林批評克魯普斯卡婭的材料》，於1962年1月由中宣部鉛印，實際上是灰皮書中的灰皮書。

鄭異凡在《灰皮書》中抄錄了赫魯曉夫秘密報告中公佈的兩個直接涉及克魯普斯卡婭的文件。因為文件罕見，這裏不妨照抄一次：

克魯普斯卡婭給加米涅夫（Lev Kamenev）的信

列夫・鮑里索維奇：
由於我記錄了弗拉基米爾・伊里奇（編按：即列寧）經醫生許可口授的一封短信，斯大林昨天竟然對我極其粗暴無禮。我入黨不是一天了。三十年來從未聽見任何一位同志對我說過一句粗話，我珍視黨和

伊里奇的利益並不亞於斯大林。現在我需要最大限度地克制自己。……現在我向你和格里戈里［季諾維也夫］提出請求，因為你們是弗・伊最親近的朋友，請求你們保護我，使我的私人生活免遭粗暴干涉，無端辱罵和威脅。斯大林竟然以監察委員會威脅我，我並不懷疑監察委員會會作出一致的決定，但是我既沒有精力也沒有時間鬧這種愚蠢的糾紛。我也是活人，我的神經已經緊張到了極點。

娜・克魯普斯卡婭

原來在黨內圍繞外貿壟斷問題的爭論上，列寧與斯大林存在明顯的分歧。斯大林得知列寧向克魯普斯卡婭口授一信給托洛茨基，聯合反對俄共中央全會的決定，為此十分不滿，在打電話給克魯普斯卡婭時指責她違反醫生給列寧規定的制度，對她破口大罵，據莫洛托夫（Vyacheslav Molotov）轉述，斯大林對他說過：「怎麼着，我得去巴結她？跟列寧睡覺並不等於弄通了列寧主義」；「怎麼啦，就因為她跟列寧同用一個廁所，我就該像尊重列寧那樣去尊重她？」連莫洛托夫都說是「太粗魯了」。據列寧妹妹烏里揚諾娃說，克魯普斯卡婭當時氣得渾身發抖，以致倒在地上打滾。

克魯普斯卡婭的信寫於 1922 年 12 月 23 日，兩個半月以後，列寧給斯大林寫了如下這封信：

致斯大林同志。

抄送：加米涅夫同志和季諾維也夫同志

尊敬的斯大林同志：

你突然粗暴地要我妻子接電話並辱罵了她。儘管她向
您表示同意忘記您說的活，但季諾維也夫和加米涅夫
還是從她那裏知道了這件事。我不想這樣輕易地忘記
反對我的言行。因此，請您斟酌，您是同意收回您的
話並且道歉，還是寧願斷絕我們之間的關係。

　順致敬意！

列寧

1923 年 3 月 5 日

　　從這兩個文件中，可以見到蘇聯黨內鬥爭的一些秘密。
灰皮書敞露了不少這樣的秘密。特別在思想方面，那些隱秘
幽微的地方，那些與政治結論相左的地方，誘發了這些編譯
者探索的興趣。文革後期，編譯局國際室各組都開始了一些
研究工作，發表了一批論文、論著和人物評傳，提出了一些
在當時可謂「離經叛道」的觀點。

　　顧家慶在《灰皮書》中說，灰皮書使人們完整地了解到
那些被批判的「片言隻語」的上下文，更準確地判斷這些「標
誌性提法」的內容；同時，這些「反面教材」也開闊了大家

的眼界。他以翻譯《和平和社會主義問題》的過程為例說，原先以為天下共產黨都是一家，後來才懂得，各國共產黨都宣稱信奉馬克思主義，其實他們的理論觀點和方針政策並不相同。他是《巴枯寧言論》的編譯者，開始時只知道巴枯寧是無政府主義的「祖師爺」，只會對無產階級革命運動起破壞作用；在編譯過程中，才逐漸形成了一個新的看法，覺得巴枯寧終其一生是一個革命家，並非在前言中所稱的「國際共產主義運動史上的陰謀家、野心家和反革命兩面派」。他認為，至於馬克思主義經典作家對巴枯寧的評價，也應被置於當時的鬥爭實境中考察；經典作家在私人信件中對巴枯寧的肆意嘲罵與輕率評判，更不能作為蓋棺論定的結論。

饒勒斯（Jean Léon Jaurès）是法國社會黨創始人和第二國際領導人，長期被看作第二國際機會主義的代表。李興耕從 1963 年起編輯《饒勒斯文選》，並列入了灰皮書出版計劃。通過編譯工作，他了解了饒勒斯的社會主義思想和活動的複雜性。他認為饒勒斯不失為一個忠誠的社會主義者，指出饒勒斯思想中許多獨特的、富有遠見卓識的積極成分，肯定饒勒斯在世界社會主義運動和在反對帝國主義戰爭、爭取世界和平鬥爭中的巨大貢獻。

對於第二國際、伯恩施坦、考茨基、盧森堡，以及布哈林和托洛茨基，在灰皮書製作前後，編譯者的看法都有很大轉變，到後來，有的結論甚至可以說是顛覆性的。

讀者：種瓜得豆之二

　　灰皮書作為「內部發行」的圖書，控制相當嚴密。讀者對象是分層級的，所以，灰皮書也就分為甲、乙等類別，還有「編號發行」，即購買者憑證購買是登記在案的，如有遺失外泄可以追究圖書所有者的責任。托洛茨基的著作屬甲類，發行自然不容疏忽，因此竟至於連編譯者也拿不到樣書。鄭異凡回憶說，《托洛茨基反動言論摘錄》最先由中宣部內部印發，共 70 份。因為康生和鄧小平認為編得不錯，便由人民出版社出「灰皮書」。中宣部副部長姚溱認為此書不能發行，因為把最尖端的東西都集中到一起來了，流傳出去不好，於是批示道：「中央同志不要發了，以後需要時個別地發。我看索性不用封面為好。但目錄上要編號。」結果此書共印五百套，只裝訂了 50 套，發給少數單位。然而，即便控制嚴格，灰皮書卻往往流入普通讀者手裏，特別在文革時期。而實際效果，並非如策劃者所設想，或者竟至於相反。用當時的話來說，本意在「反修」，結果竟變「修」了，生成一些思想異端。

　　對於現代世界思潮，知識界本應得風氣之先，可是在封閉的社會裏，一樣閉塞無知。《灰皮書》裏有記述說，《馬克思主義史》出版後引起學術界的普遍關注。當時，研究馬克思主義和國際共運的學者，對馬克思主義流派幾乎一無所

知，即使知道也多半被當作資產階級或修正主義貨色。據該書譯者說，許多學者都是因為《馬克思主義史》而第一次知道國外研究馬克思主義的學者的名字及其著作，從而引起思考和日後追蹤研究的興趣。

灰皮書的最大功績恐怕還在於對於「文革」前後青年一代的思想啟蒙。早在 60 年代初，北京一些青年學生因為不滿現實以及學校的正統教育，秘密組織起來，開展地下閱讀活動。其中有兩個著名的團體：「X 詩社」和「太陽縱隊」。「X 詩社」有郭沫若的兒子郭世英、張東蓀的孫子張鶴慈等。據張鶴慈回憶，他和郭世英用郭沫若的內部購書證買了許多內部書籍，後來這群青年人的讀書會被定性為「反革命集團」。1963 年 5 月，成員全部被捕，張鶴慈在獄中整整度過十六年，郭世英被送至農場勞動，文革初期被批鬥關押，墜樓而死。「太陽縱隊」在「X 詩社」蒙難後，隨即化整為零，停止集體活動。核心成員張郎郎回憶說，他父親有內部購書證，購買了很多灰皮書，還有許多黃皮書。他把這些書帶到學校，於是《麥田守望者》有了手抄本，《在路上》被人大段大段地朗誦，閱讀的狂熱由此可見一斑。

文革時，北京知青中還有一些讀書「沙龍」組織，有名的有「趙一凡沙龍」、「徐浩淵沙龍」等，他們閱讀了許多灰皮書和黃皮書，並且展開討論。其中影響最大的有吉拉斯的《新階級》、海耶克（Friedrich Hayek，也譯哈耶克）

的《通向奴役之路》(*The Road to Serfdom*)、路易絲‧斯特朗(Anna Louise Strong)的《斯大林時代》(*The Stalin Era*)等。據說這些地下讀書沙龍最後都被鎮壓了。

類似京城一樣的地下青年讀書群體,在上海、南京、西安、成都等其他一些大城市也都有着不同程度的活躍表現。各地的閱讀群體所傳閱的主要書籍幾乎一樣,除了古典文學名著,西方現代文學和蘇聯文學,有關共產主義運動及揭露斯大林時代的權力鬥爭及大清洗內幕的政治思想讀物,是青年們千方百計渴望嚐到的禁果。這些流傳的皮書,是一代人在封閉中窺望世界的唯一的秘密管道;從這些書籍中,他們獲得了一種自由民主的觀念和反抗的意識;紅衛兵運動和上山下鄉的社會經驗和人生體驗,引發了他們對灰皮書的強烈共鳴。

據報導,民刊《今天》的詩人,「星星畫派」的藝術家,《走向未來》叢書的策劃者、編輯、撰稿人,其中有不少人都是從地下讀書活動時開始定向的知識及思想積累的。所以,有人把傳閱皮書看作是 80 年代思想解放運動在民間的序幕。文革後,一些帶有現代派色彩的文藝創作的出現,可以明顯地看出皮書的影響。

假如灰皮書得以公開發行,而讀者又可以在一個公共空間中展開討論和辯論的話,其影響力當不可同日而語。然

而，歷史畢竟不可能假設。灰皮書永遠是紅牆內的一塊禁臠。不過，應當看到，它們的存在見證了一個畸變的時代，更不用說它們的思想內容已為一代青年讀者所吸收，不論人數多少，其啟蒙的作用仍然是不容忽略的。

2015 年 6 月 12 日

後記

　　一部文化史，是人類走出蒙昧的歷史，其間貫穿着文明與野蠻的鬥爭。總的過程，應當說是進化的吧？但是可以肯定的是，在或一時段，或一國家和地區，野蠻勢力仍然可以佔統治地位。此時，個人或集團的權力意志君臨一切之上；不問而知，什麼自由、民主、理性和知識，統統被視為蟲豸而遭到撲殺。

　　寫作史、閱讀史、出版史，是文化史中的一個重要組成部分。書籍的命運，無疑是社會文明的標誌性存在。在封閉社會中，書籍是不能不受到禁毀的。始皇帝「焚書坑儒」，

在中國是被經常引用的典故；中世紀羅馬教廷的一份長長的《禁書目錄》，垂範千年，都是明證。所以，從米爾頓到洛克到法國的百科全書派人物，無不激烈抨擊歐洲反自由、反寬容的專制出版制度。馬克思對普魯士的書報審查制度的出色批判，更為我們所熟知。

近二十年來，個人所寫文章對文化史中的寫作與出版問題多有涉及。恰逢出版社組稿，便把較為獨立的文字抽出，湊成一本小書，奉獻於對此有所關心的讀者。

此記。

林賢治

2019 年 4 月 15 日